KB071687

16년 차 월급쟁이,
2년 만에 경제적 자유를 얻은
실천 독서법

16년 차 월급쟁이, 2년 만에 경제적 자유를 얻은 실천 독서법

독서부자 낙숫물 지음

ć
청림출판

한 그루의 나무가 모여 푸른 숲을 이루듯이
청림의 책들은 삶을 풍요롭게 합니다.

사 년 전, 살면서 처음으로 내 인생의 꿈을 두고 진지하게 고민
했다. 그 꿈들을 이루기 위한 시점별 계획을 세우고 책에서 시키
는 대로 따라 해봤다. 드림보드에 달성하고자 하는 꿈들의 사진을
붙여놓고, 아침마다 달성하겠다고 힘차게 외쳤다. 오 년 안에 그
랜저를 타겠다고 했는데, 이 년 만에 타게 됐다. 오 년 안에 자산
10억을 만들자고 했는데, 사 년이 지난 지금 몇 배가 되어 있다.
10년 동안 책 500권을 읽자고 했는데, 오 년 만에 달성했다. 그리
고 15년 안에 책 한 권을 출간하자고 맹세했는데, 이렇게 책도 출
간하게 됐다. 이게 바로 나의 이야기이다.

오 년 전만 해도 일 년에 책 한 권도 읽지 않았다. 학창 시절 성적은 항상 상위권이었고, 남들이 인정해주는 명문 대학에 진학도 했다. 대학을 졸업하고서는 남들이 부러워하는 대기업에 취직했고, 선진국에서 해외 주재원 생활도 해봤다. 지금의 어여쁜 아내와 만나 결혼해 남들처럼 평범하게 아이도 낳고 가족을 이루며 살아왔다. 지금까지 살아오면서 나는 책 읽을 필요를 느끼지 못했고, 독서는 여유 있는 사람들이나 하는 취미 생활이라고 치부했다.

그러던 어느 날, 회사로부터 난데없이 다른 부서로 이동하라는 통보를 받았다. 나름 일을 잘해왔다는 자부심과 함께 '회사에 충성하며 열심히 일했는데 설마 나를 보내겠어'라고 생각하고 있다가, 다른 부서로 이동해야 하는 사람이 나라는 통보를 받고 자존심에 많은 상처를 받았다. 부서를 옮기고 나자 일에 대한 의욕이 많이 사라졌다.

그런 어느 날 문득, 이 년 전 사내 교육 때 강사가 추천해준 도서 목록 파일이 눈에 들어왔다. 뭔가에 이끌리듯 아무 생각 없이 클릭해봤다. 영화에서 주인공이 특별한 이유 없이 운명 같은 요소에 이끌리는 것처럼 말이다. 파일에는 추천 도서가 200여 권 있었다. 그중에서 눈에 띄는 제목이 있어 무심코 주문했다. 머리말이나 차례도 보지 않고 계속 뭔가에 홀린 듯 인터넷으로 바로 산 것이다.

그 책을 읽는 내내 너무 흥분됐다. 살면서 뭔가에 이렇게 흥분한 것은 처음이었다. 그것도 사회에 나와 책 한 권 읽지 않던 내가 말이다. 열심히 공부하고 일하면 성공해서 부자가 될 거란 보통의 신념이 정답이 아니라는 것을, 새로운 삶의 길이 있다는 것을 처음 알았다. 그 책은 바로 《부의 추월차선》이었다. 삶의 전환은 이렇게 시작됐다.

책에서 말하고자 하는 내용은 충분히 이해하겠는데, 저자가 제시하는 새로운 인생의 길로 가는 구체적인 방법이 없어 아쉬웠다. 그냥 이대로 책을 덮고 끝내기에는 지금 내가 처한 상황도 그렇고, 무엇보다 책이 준 흥분을 가라앉힐 수 없었다. 책에서 찾은 새로운 인생의 길, 거기까지 가는 방법도 책에서 찾아보자고 결심했다. 그렇게 해서 성공한 사람들이 성공 방법을 쓴 책들을 읽었다. 단순히 읽는 것으로는 부족할 것 같아서, 성공한 사람들이 책에서 해봤다고 밝히거나 추천하는 것들을 따라 해보고자 했다. 이것이 내 생존 독서가 됐다.

인생의 꿈을 가져야 한다고 해서 꿈 목록을 작성해봤다. 그것을 시각화해야 한다고 해서 드림보드에 꿈과 관련된 사진을 붙였다. 무의식에서도 자신의 꿈을 인지해야 한다고 해서 아침에 일어나면 드림보드 앞에서 꿈 목록을 외치기 시작했다. 성공한 사람들이 기상 직후 명상이 좋다고 해서 따라 한 지 삼 년이 됐다. 책에 있는 내용을 모두 똑같이 따라 하는 것은 무리라는 생각에 책 내용 중에서 쉬운 것을 하나씩 실천해봤다.

시간이 흐르면서 정말 기적 같은 일이 일어나기 시작했다. 오년, 10년 뒤에 달성하겠다고 다짐한 목표들을 이삼 년 만에 달성하기 시작했다. 책에서 가르쳐준 행운을 이끄는 행동을 따라 하니 정말 운이 좋은 사람이 됐다. 주변에서도 운이 좋다고 많이 이야기한다. 뭔가 일이 안 풀릴 것 같은 순간에도 옆에서 누군가 도움을 주거나, 주변 환경이 내게 보이지 않는 도움의 손길을 주는 듯했다. 어느 순간, 나는 회사와 사회에 불평과 불만만 쏟아내던 사람에서 긍정적인 사람으로 변해 있었다.

가랑비에 옷 젖듯 나도 모르는 순간에 삶의 기적들이 나를 둘러싸고 있었다. 이러한 기적들을 주변 사람들과 나누고 싶어 친한 지인들에게 항상 이렇게 말한다. "책 많이 읽어봐. 정말 인생을 바꿀 수 있어." 안타깝게도 돌아오는 대답은 한결같다. 책에서 소개하는 성공한 사람들은 특별하다거나, 지금 현실에서는 그렇게 살기 힘들다는 것이다. 내가 책을 읽고, 책이 알려준 것을 따라 해서 많은 것을 이뤘다고 하면 내가 특이하다거나, 책 읽을 시간이 없다고들 한다.

사실은 책 읽을 시간이 없는 것이 아니라, 다른 시간을 포기하고 책을 읽기가 귀찮은 것이다. 나는 특별한 사람이 아니다. 남들과 다르지 않은 보통 직장인이다. 아침에 일찍 일어나기 싫고, 점심 시간에는 밥 먹고 낮잠을 자거나 게임을 하고 싶고, 퇴근하고 집에 돌아오면 그대로 소파에 누워 시원한 맥주를 마시며 텔레비전을 보는 것으로 하루를 마감하고 싶은 평범한 사람이다.

사람들이 책이 시키는 대로 시도하지 않는 또 다른 이유는, 항상 그래왔듯이 며칠 가지 못해 실패할 거라고 지레 겁을 먹고 시도조차 하지 않기 때문이다.

이런 사람들의 생각이 영 틀린 것은 아니다. 책에서 소개한 모든 것을 한꺼번에 따라 하면 며칠 가지 못해 실패할 확률이 높다. 왜냐하면 그것은 그 책을 쓴 사람의 성공 방정식이지 독자의 성공 방정식이 아니기 때문이다. 건강해지자고 내일부터 당장 몸에 좋은 음식만 먹고 다이어트를 하겠다고 해도 대부분 며칠 가지 못해 실패한다. 모든 것을 의지만으로 이루기도 힘들지만, 내 입맛에 맞으면서 좋은 음식은 뭔지, 다이어트를 방해하는 유혹은 어떻게 이겨낼지에 대한 고민도 없이, 막무가내로 시작하면 100퍼센트 실패할 수밖에 없다. 이처럼 책이 알려주는 좋은 방법도 한꺼

번에 따라 하고 내 삶을 바꾸려고 하면 성공하기 어렵다. 전체 내용 중에서 당장 실천해도 무리가 없을 한 가지만 먼저 실천해보라. 그것도 제일 쉬운 걸로 따라 해보라. 그게 익숙해지면, 다른 책 내용 중 쉬운 것 하나를 접목해본다. 그러면 어느덧 나만의 성공 방정식을 만들어 자연스럽게 실천하는 자신을 발견할 것이다. 기적도 소리 소문 없이 여러분 옆에 다가와 있을 것이다.

여러 책을 읽다 보니, 성공한 사람들이 공통적으로 일기를 쓴다는 사실을 발견했다. 그래서 나도 사 년 전부터 지금까지 계속 써오고 있다. 실천 독서법을 시작했을 초반에는 일기장에 이런 말을 자주 썼다. "이 방식이 맞나 싶다. 그래도 일단 의심하지 말고 계속해보자. 맞을 것이다." 단 한 번에 인생이 바뀌지 않는다는 것을 알면서도, 실천하는 동안 계속 독서를 실천하면서 얻을 수 있는 효과를 의심했다. 어떤 일을 하든 성과를 내기까지는 지루한 과정이 있기 마련이다. 매년 연말에 인생 계획을 점검해보면 예상 밖으로 정말 많은 것을 이뤄냈다. 지금은 독서를 실천해서 이룰 수 있는 것들에 대한 의심은 당연히 사라졌고, 내 방법에 확신을 갖고 많은 사람이 동참하길 바라는 마음이다.

나는 대한민국의 많은 평범한 사람들처럼 아내와 토끼 같은 아이들이 있는 40대 중반 직장인이다. 내가 꿈, 돈, 자신감, 행운을 얻기 위해 책을 읽고 따라 한 내용은 아주 평범하다. 그냥 따라만 했다. 독자 여러분도 충분히 따라 할 수 있다. 조금씩 책 내용을 따라 한 것만으로 평범한 내게 삶의 기적을 찾아왔듯, 독자 여러분의 인생에도 조용한 기적이 찾아오리라 확신한다.

이 책을 읽었다고 당장 기적이 생기지는 않을 것이다. 다만 이 책이 삶에서 기적을 만드는 방법을 제시할 수는 있다고 믿는다. 여러분이 독서를 통해 삶의 변화를 이끌어내고, 인생의 기적을 바라보게 된다면, 저자로서 이보다 기쁜 일도 없을 것이다.

2021년 여름
독서부자 낙숫물

3장 책에서 찾은 돈 버는 방법

4장 자신감을 키워준 책 읽기

5장 책 읽기가 만들어준 행운들

6장 인생을 바꾸는 실천 독서법

1장

내가 책을 읽게 된 이유

세상이 알려준 길로 살아온 날들

드라마 〈응답하라 1988〉을 보는데, 내용보다 배경에 더 관심이 갔다. 지금과 다른, 편하지 않은 등장인물들의 환경을 보고 내 어릴 적을 생각하며 향수에 빠져들었다. 지금의 아파트 세대들에게는 익숙하지 않은 단독주택과, 그곳에 세 들어 사는 셋방살이가 당시에는 흔했다. 나 역시 초등학교 4학년 때 난생처음 우리 집이 생겨서 아파트로 이사 가기 전까지, 방 한 칸에서 부모님과 동생과 모두 같이 잤다. 드라마를 보면서 그 어려웠던 시절이 추억처럼 떠올랐다.

7,80년대 고도성장기 때 우리 부모님 세대들은 정말 열심히 일

1장 내가 책을 읽게 된 이유

했다. 열심히만 하면 잘살 수 있을 것 같은 시대 분위기였고, 실제로 열심히 일하면 먹고살기 어렵지 않았다. 내 부모님 또한 다르지 않았다. 영세 상인으로 수예품 장사를 하셨는데, 아버지는 아침 7시에는 일하러 나가셨고, 어머니도 우리를 학교에 보내고 바로 가게로 가셨다. 그러고는 밤 9~10시가 돼서야 집에 오셨다. 또 얼마나 자주 이사를 다녔는지, 초등학교에 들어가기 전까지만 해도 내가 기억하는 집이 네 군데 정도다. (부모님 말씀으로는 우리 집을 갖기 전까지 모두 여덟 번 이사했다고 한다.)

나는 부모님이 주말에도 쉬지 못하고 밤늦게까지 일하는 모습을 보면서 자랐다. 그래서인지 철이 좀 일찍 들었던 것 같다. 어린 나이에도 뭘 해야 하고, 뭘 하지 말아야 하는지 잘 알았다.

부모님을 기쁘게 해드리는 일은 공부를 열심히 하는 것밖에 없다고 생각했다. 공부를 잘해서 좋은 성적을 받아 오면 기뻐하실 테고, 또 기분 좋게 일하시지 않을까 싶었다. 대학 입학 전까지 상위권을 유지했다. 학교 수업이 끝나면 바로 도서관이나 학원으로 가서 공부하다 집에 왔다. 사춘기도 있었나 싶을 정도로 조용히 지나갔다. 기억나는 일탈이라곤 오락실을 가거나, 혼자 몰래 극장에 가서 홍콩 영화를 보고 오는 정도였다.

재수를 하긴 했지만, 그렇게 해서 서울에 있는 나름 명문 대학에 입학했다. 1학년 때는 그동안 열심히 공부한 나에 대한 보상으로 수업이나 성적을 등한시하고 놀았다. 비싼 사립대 학비에, 밥 굶고 다니면 안 된다고 하숙하라고 하셔서 하숙비, 거기에 용돈까지 받았다. 더 마음껏 놀고 싶었지만, 집안 형편을 아는지라 그리 잘 놀지도 못했다. 솔직히 공부에는 흥미도 없었고, 일찍 취직할 생각에 1학년을 마치자마자 바로 입대했다.

남자는 평생 세 번에 걸쳐서 철이 든다고 한다. 군대 다녀오고. 결혼하고. 아이를 낳고. 나 역시 군대를 다녀와서는 내가 내 생활을 책임져야 한다고 생각했다. 과외를 세 건 해서 번 돈으로 하숙비와 용돈을 충당했다. 학비도 운 좋게 교수님께 장학금 추천서를 받아, 매 학기 장학금으로 일부를 보탰다. 돈도 벌고, 취업 공부도 열심히 하며 대학 생활을 보냈다.

4학년 때는 빨리 돈을 벌고 싶다는 생각에 취직 준비만 했다. 취업이 갈수록 힘들다고들 하는데, 당시도 만만치 않았다. 다행히 몇 군데에서 합격 통보를 받았다. 가고 싶은 곳이 따로 있었지만 불합격했고, 선택의 여지가 많지 않은 상황에서 일본계 기업에 들어가기로 했다.

입사하고 여섯 달 뒤에는 일본 주재원이 될 기회를 잡았다. 입사 전까지 일본어를 공부하기는커녕 접한 적도 없었다. 그럼에도 항상 그래왔듯 '열심히 해서 못 할 것이 무엇이고, 뭐가 두렵겠는 가?'라는 마인드로 일본에 갔다. 일본으로 떠나기 전, 서점에서 일 본어 학습지를 10권 샀다. 여섯 달 뒤, 한국으로 돌아오기 전까지 전부 풀겠다고 각오를 다졌다. 당연히 전부 풀고 한국에 와서는 또 10권을 사서 일본으로 갔다.

일본어를 전혀 모르는 상황에서 생활하기란 쉽지 않았다. 외로 움을 느낄 새도 없이, 당장 언어 때문에 불편한 것이 너무 많았다. 빨리 몸과 마음이 편해지려면 언어를 익혀야 한다는 생각이 너무 도 간절했다. 그래서 출근 전 한 시간, 퇴근 후 한 시간을 투자해 일본어를 독학으로 공부했다. 물론 주말도 예외가 없었다. 테이블 에 전자사전을 갖다 놓고, 텔레비전을 보면서 들리는 단어 중 중 요한 것이라고 생각되면 바로 찾아봤다. 살아남기 위해 전투적으 로 일본어를 공부했다. 일 년쯤 지나니, 일본인 동료들이 내 일본 어 수준이 유치원생 정도는 된다고 말해줬다. 놀리려고 한 말이었 는지 어땠는지는 모르겠지만, 일 년 만에 유치원생 수준으로 성장 했다는 사실에 나름 만족했다. 유치원생 정도의 듣기, 말하기 수 준이라면 생활하는 데 아무 지장이 없기 때문이었다.

이 년이 지나고 한국으로 복귀했다. 일 년 뒤에는 대학 4학년 때 가고 싶었던 국내 대기업으로 이직할 기회를 얻었다. 회사가 한 단계 더 성장하던 시기로 많은 사람을 뽑고 있었다. 다행히 지인의 추천으로 쉽게 갈 수 있었다. 이제는 새 회사에서 열심히 일만 하면 잘살 수 있을 거라는 막연한 기대감과 함께 새로운 인생을 시작했다.

그 뒤로 회사에서 시키는 대로 열심히 일했고, 퇴근 후에는 성과 향상과 언제 있을지도 모를 기회를 위해 자기개발에 충실했다. 왜? 이렇게 하면 잘살 수 있고, 사회에서 인정받는 성공가도를 달릴 수 있다고 배웠기 때문이다. 세상은 지금도 이 길이 맞는다고 말한다.

여기까지만 보면 특별할 것이 없다. 아마도 많은 3,40대 직장인과 비슷할 것이다. 이때까지 살면서 책을 읽어야겠다거나 독서가내 인생에 필요한가 하는 고민은 단 한 번도 하지 않았다. 독서는 그저 여유 있는 사람들의 취미 정도로 치부했다. 불과 오 년 전까지만 해도 그랬다. 그러던 내가 왜 책을 읽게 되었을까?

이제부터 내가 왜 책을 읽었고 무엇을 어떻게 실천했으며, 그결과 독서로 인생이 어떻게 바뀌었고 또 무엇을 얻었는지, 그리고독서를 어떤 식으로 하면 좋을지 이야기해볼까 한다.

실천 독서의 시작

자라면서 많이 듣는 이야기 중 하나가 "공부를 잘해야 좋은 직장에 취직해 돈 많이 벌 수 있다"와 "열심히 일하면 성공해서 잘살 수 있다"이다. 우리는 부모님이든 학교 선생님이든, 주변 어른들로부터 이런 이야기를 들으면서 자랐다. 이런 말들이 당연한 진리라고 믿었다. 나 또한 다르지 않았다. 돈 많이 벌고, 잘살 수 있을 거라 해서 열심히 공부했고, 열심히 일했다. 남들이 부러워하는 대기업에 취직하고 안정적인 가정을 꾸려 어느 정도 성공했다는 자부심도 있었다.

사실 성공하려는 욕심도 많았다. 회사 일 때문에 심한 스트레스를 받아 두 번이나 쓰러지기도 했으니 말이다. 그 정도가 되면 마음의 짐을 내려놔야 하는데, 그러기 쉽지 않았다. 아직 부족한 부분이 있는 거라고 자신을 질책하며 더 열심히 일하자고 다짐했다. 더 성공하고 싶었다.

그렇게 해서 서서히 일을 잘한다고 주변의 인정도 받고, 인간관계도 무난하게 유지했다. 그러던 어느 날, 우리 팀에서 한 명이 다른 부서로 전출해야 할 상황이 발생했다. 나는 당연히 예외라고 생각했다. 누구보다 열심히 일해왔다고 자부했고, 당시 내가 개발한 제품의 성능이 초기 단계임에도 불구하고 그동안 개발해왔던 제품 대비 상당히 우수하다는 평가도 받았기 때문이다.

하지만 역시나 세상은 아름다운 동화와 달랐다. 초기 단계인데도 제품에 너무 문제가 없어서 그랬는지, 상사가 나를 싫어해서였는지 정확한 이유는 모르겠지만, 팀장이 내게 다른 팀으로 가는 게 좋겠다고 권했다. 말이 좋아 권유이지 사실상 방출이나 마찬가지였다. 결국 내가 다른 팀으로 전출하는 것으로 결정됐다. 왜 내가 가야 하는지 물어볼 경황도 없었다. 그날 저녁에는 후배들과 한잔하고 집에 들어갔다.

집에 들어와 소파에 앉는 순간, 나도 모르게 눈물이 흘렀다. 지난 10년간 누구보다 열심히 살았다고 자부했기에 부서 이동이란 사실을 받아들이기 너무 힘들었다. 지난 10년간의 열정이 파노라마처럼 스쳐 지나갔다.

이동한 부서에서는 기존 업무와 성격이 전혀 다른 관리 업무를 맡았다. 예전 부서에서 신제품이나 개선 제품을 개발할 때는 직접 시제품을 평가하고, 문제가 발견되면 고민해서 해결 방안도 찾아냈다. 그런데 새로운 부서에서 데이터를 집계하고 관리하는 업무가 대부분이었다.

전보다 여유가 생겼다. 그런데 앞만 보고 달려와서였는지 처음 맛보는 여유가 좋지 않고 무서웠다. 뒤처지고, 도태되는 느낌이랄까. 이런 마음을 달래보고자 한동안은 지인들과 술자리를 자주 가졌다. 하지만 이런 술자리는 시간이 지날수록 나를 더욱 비참하게 만들었다.

다시 새벽에는 영어 학원을 가고, 저녁에는 운동을 했다. 그래도 여전히 뭔가 허전했다.

어느 날 문득, 예전에 사내 교육을 받을 때 강사가 추천해준 독서리스트가 생각났다. 강사가 강의를 마무리하면서 책을 많이 읽으라며, 이메일로 요청하면 추천 독서리스트를 보내주겠다고 했다. 책 한 권 읽지 않으면서도 언젠가 써먹겠지 싶어 일단 받아뒀던 것이다. 메일을 받은 그날 한 번 열어보고는 그 뒤로는 전혀 보지 않았다.

　파일을 여니 책 이름이 200권 정도 나열돼 있었다. 죽 훑어보는데 뭔가에 꽂힌 것처럼 한 권이 눈에 띄었다. 바로 《부의 추월차선》이었다.

　뭔가에 홀린 것처럼 서평이나 차례도 보지 않고 인터넷으로 바로 주문했다. 이런 게 운명이지 않을까 싶다. 책 읽는 것을 무척이나 귀찮아하고 싫어하던 내가 이렇게 앞뒤 따지지도 않고 책을 샀으니 말이다.

　책이 도착한 그날, 퇴근하고 집에 오자마자 책장을 펼쳤다. 책을 읽는 내내 가슴이 뛰었다. 세상이 지금까지 올바르다고 알려준 길이 사실은 옳지 않으며, 보통의 생각과 반대편에 올바른 길이 있다고 책은 말했다. 지금까지 세상이 올바르다고 알려준 길만 걸었는데, 단 한 번도 의심하지 않았는데. 그런데 내가 알던 세상의 진리가 진짜가 아닐 수도 있다니, 혼란스러웠다. 책을 읽는 내내, 이런 내 의구심이 저자의 논리와 싸웠다. 한시도 책을 놓을 수가 없었다. 마지막 책장을 덮는 순간, 망치로 머리를 한 대 얻어맞은 듯했다. 비밀의 문을 건드린 느낌이었다.

　'열심히 공부하고, 열심히 일하면 잘살 수 있다'라고 세상은 항상 가르쳤다. 그런데 생각해보면 나는 열심히 했지만, 잘살지 못했다. 남들 눈에 잘사는 것처럼 보이는 삶을 살았을 뿐이다.

영화 〈매트릭스〉 주인공 네오가 진짜 세상에 나온 것 같은 순간이었다.

학창 시절에 운동을 참 좋아했다. 축구, 농구, 야구…… 잘하지는 못했지만, 친구들과 시합하면 승부욕이 불끈 생겼다. 승부욕은 시합하는 내내 나를 가슴 뛰게 만들었다. 그 느낌이 좋았다. 《부의 추월차선》을 읽는 동안, 학창 시절처럼 가슴이 뛰었다. 대학 입학이나 입사 합격 통지서를 받았을 때 이상의 희열감도 느꼈다. 처음으로 인생에 다른 길이 있다는 것을 알았기 때문이었다. 인생에 승부를 걸어보고 싶은 감정, 한 번도 느껴보지 못한 새로운 열망이 생겨났다.

이것이 내 첫 독서 경험이다. 시련 뒤에는 또 다른 기회가 생긴다고 했던가. 책이 내게 또 다른 기회를 준 게 아닌가 하는 생각이 들었다.

새로운 인생의 길을 알려준
책을 만나다

　학창 시절, 수학이나 과학 시간을 생각해보자. 보통 먼저 원리를 배우고, 절대 공식을 외운다. 그렇게 했다고 해서 바로 문제를 잘 풀지는 못한다. 공식은 큰 틀에서 봤을 때 하나의 원리일 뿐이지 모든 문제를 풀 수 있는 만능열쇠는 아니기 때문이다.

　어쩌면 우리 삶도 비슷하지 않을까? 착하게 살고, 남을 배려하고, 도덕적으로 윤리적으로 해악이 되는 삶을 멀리하는 것은 가장 기본적인 삶의 공식이다. 하지만 모든 사람에게 친절하고, 베푸는 것은 어떻게 보면 참 위험하다. 때로는 상대나 상황에 맞춰 다르게 행동해야 한다. 즉 친절, 배려, 윤리, 도덕을 기본으로 하되 상

　　　　　　　　　　　　　　　1장 내가 책을 읽게 된 이유

황에 맞게 응용하는 삶이 좀더 알맞다고 볼 수 있다.

《부의 추월차선》덕분에 새로운 길로 가는 큰 원리와 공식은 이해했다. 문제는 삶에 어떻게 응용해야 하는지였다. 뭘 어디서부터 시작해야 할지 난감했다. 나는 그때까지 '인도'(보통 사람들이 살아가는 길)를 걷고 있었다. 추월차선까지는 아니더라도, 당장 인도를 벗어나 서행차선으로 진입하고 싶은 마음이 간절했다. 이렇게 가슴이 뛰는데, 이다음에 뭘 해야 할지 모르는 상태가 이어지다가 다시 옛날로 돌아갈까 봐 무서웠다.

공부를 잘하고 싶다면, 학교에서 가르치는 원리와 공식을 집중해 듣고 필요한 것은 암기하면 된다. 교과서에 있는 예문도 읽고 문제도 풀어본다. 여기까지만 하면 중간은 할 것이다.

그런데 상위권으로 도약하고 싶다면? 문제집을 사서 풀어본다. 한 권만으로는 만족스러운 성적을 얻기 힘들다. 몇 권은 풀어봐야 한다. 똑같은 공식에 대한 문제더라도, 응용 방식이나 난이도가 다르기 때문이다. 최대한 다양한 문제를 풀고, 오답은 복습해서 다시는 틀리지 않도록 하는 것이 상위권으로 가는 정석이다.

《부의 추월차선》은 경제적 자유로 가기 위해 어떤 시스템을 구축해야 하는지에 대한 절대 공식을 알려줬다.

1. Needs : 타인에게 가치나 필요를 제공하는 사업

2. Entry : 혁신과 탁월함, 독창적인 아이템 발굴

3. Scale : 규모의 확장성

4. Time : 시간과 돈을 바꾸지 않을 것

5. Control : 통제권을 쥐고 있는 것

이제는 추월차선으로 가는 방법을 찾아야 한다. 책에서 가르쳐 준 내용을 응용하고 연습해볼 문제집을 찾아야 한다.

《부의 추월차선》에서 저자는 사업을 하라고 조언했다. 이 조언은 나를 이상과 현실의 경계로 데려갔다. 30대 중반을 넘어 40대를 바라보는 나이, 게다가 결혼해서 아이가 둘이나 있으니 실패를 걱정하지 않을 수 없었다. 사업에 실패하는 순간 인생도 실패할까 봐, 가족까지 고생할까 봐 걱정됐다.

가슴이 뛰었지만, 한편으로 답답하기도 했다. 새로운 인생의 길로 가고 싶지만 어떻게 시작해야 할지도 모르겠고, 또 실패해서도 안 됐다. 한참을 고민하고 내린 결론은 독서였다. 책이 새로운 인생의 길을 알려줬으니, 그 길로 가는 여정도 독서로 찾을 수 있지 않을까? 그러고 보니 성공한 사람들은 모두 다독가였던 것 같았다.

일단 닥치는 대로 책을 읽어보자고 결심했다. 책 한 권 읽지 않았던 내가 독서로 인생의 길을 찾고자 결심한 것이다. 이렇게 사년간 400권 이상을 읽는 독서 여정이 시작됐다.

나만의 독서 방법을 찾아서

"오늘의 나를 있게 한 것은 우리 마을 도서관이었다. 하버드 졸업장
보다 소중한 것이 독서하는 습관이다."

빌 게이츠가 한 말이다. 이 외에도 많은 성공한 사람들이 독서
에 대한 명언을 남겼다. 참 좋은 이야기뿐이다. 간단히 말하자면
'책을 많이 읽으라. 그러면 성공한다'이다.

머리로는 이해하겠는데, 가슴에 와닿지 않는 이유는 뭘까? 아마
도 독서에 익숙하지 않은 데다 책을 많이 읽는다고 해서 정말 성
공할 수 있을까 하는 의구심 때문일 것이다. 또 책을 많이 읽고 성

공했다는 사람들은 하나같이 어렸을 때부터 독서광으로, 성인이 되고 나서 뭔가를 깨닫고 책을 읽기 시작해 성공했다는 이야기는 듣지 못했다. 그래서 40대를 눈앞에 둔 시점에서 정말 독서만으로 새로운 인생으로 가는 길을 찾아 목적지에 도달할 수 있을까 하는 의구심이 계속 남아 있었다.

빌 게이츠는 열 살 때부터 책을 많이 읽기 시작했다고 한다. 그는 30대 중반에 사업을 본궤도에 올리고 시장을 장악해나갔다. 성공에 이르기까지 약 25년이란 세월 동안 독서광으로 살아왔다는 뜻이다. 나도 성공하기 위해서는 최소한 25년이라는 시간이 필요하다는 계산이 나온다. 앞에서도 이야기했지만, 나는 현실과 이상 사이에서 고민하며 책만 많이 읽는 것으로는 부족하다고 느꼈다. 독서를 하면서 다른 방법도 찾아야만 했다.

이렇게 책을 읽는 동시에 독서 경험을 어떻게 활용할 수 있을지를 고민할 때 '안철수식 독서법'을 접했다. 안철수 씨는 바둑을 오로지 책으로만 배웠다고 한다. 서울대 입학 후 공부에 대한 중압감에서 벗어나기 위해 취미로 바둑을 시작했는데, 그의 접근 방식이 보통 사람들과 크게 달랐다. 일반적으로 바둑을 배운다고 하면 기원에 가서 기본 지식을 터득하고, 실제로 사람들과 바둑을 두면서 실력을 키워나간다.

그런데 그는 입문서를 비롯해 다양한 바둑 서적 50여 권을 읽었다. 책을 읽는 동안에는 사람들과 바둑을 전혀 두지 않았다. 그렇게 책들을 독파하고 나서 실전에 돌입했는데, 초반에는 거의 모든 시합에서 졌다. 드라마 같은 반전은 바둑 입문 일 년 만에 일어났다. 아마추어 1단 수준의 실력을 쌓고, 대학교 기숙사 바둑대회 우승까지 차지한 것이다.

그는 한 분야를 섭렵하기 위해 관련 도서를 50여 권 읽으며 기초를 쌓고, 책에서 알려준 기본 지식을 완전히 자기 것으로 만들고, 실전에 적용해 준프로급 실력까지 쌓았다. 나도 관심 분야 책을 50권 읽고 나서 실전에 뛰어들면 충분히 성공할 수 있지 않을까 싶었다.

문제는 내게 시간이 부족하다는 것이었다. 또 그가 서울대에 입학할 만큼 똑똑했기 때문에 50권만 읽어도 되지 않았을까 하는 의구심도 들었다.

그래서 나만의 방식을 접목했다. 예를 들면 안철수 씨가 50권을 읽었다면 나는 100권을 읽는다. 또 100권을 다 읽고 나서 실전에 써먹는 것이 아니라, 100권을 읽는 동안 실전 경험도 쌓아나간다.

물론 지금까지 우리는 사회생활을 하면서 주변에서 성공 사례를 접하고, 가르침도 받아왔다. 그런데 왜 대부분의 사람들은 어떻게 성공하는지 알면서도 왜 성공에 이르지 못하고 제자리에서 맴돌기만 할까? 그 이유는 모든 것을 한순간에 완전히 바꾸려고 했기 때문이라는 결론을 내렸다. 그래서 나는 다음과 같이 생각했다.

'독서로 꾸준히 성공의 길을 찾아나간다. 동시에 책에서 얻은 지식을 실천한다.'

다만 처음부터 무리하지 않고, 실천하기 쉬운 것부터 하나씩하나씩 해보는 것이다. 성공한 사람들이 쓴 자기계발서를 읽어보면, 보통 이런 식으로 아침을 보내는 것 같다.

> 5시 기상 → 스트레칭 → 명상 → 신문이나 책 읽기 → 운동 → 하루 업무 설계 → ……

평소에 7시에 기상하던 사람이 당장 내일부터 5시에 일어나 위의 내용을 그대로 빠짐없이 따라 하려고 하면, 얼마 가지 못해서 실패한다. 아침에 일어나는 시간을 7시에서 곧장 5시로 바꾸려는 시도 자체가 실패로 가는 길이다. 처음 며칠은 할 수 있을지 모르지만, 지속적으로 하기는 쉽지 않다.

그래서 나는 이런 여러 가지 행동 중에서 딱 한 가지만 실천하기로 했다. 제일 쉬운 것부터 말이다. 예를 들면 위에서 제일 쉽게 할 수 있는 '스트레칭'만 우선 해본다. 평상시 생활 패턴대로 6시 30분에 일어나서 움직이되 스트레칭만 추가한다.

이렇게 책에서 소개한 내용 중에서 쉬운 것 하나씩만 실천해보자는 생각으로 나만의 실천 독서 생활을 시작했지만, 이렇게 하는 것이 성공으로 가는 좋은 방법인지에 대해서는 확신이 없었다. 뒤에서 자세히 설명하겠지만, 결론부터 말하자면 조금씩 실천하고 다른 것들을 하나씩 접목하니 서서히 삶이 달라졌다. 어느덧 성공한 사람들의 생활 패턴과 비슷해져 있었다.

생활 패턴만이 아니다. 지식 전달을 중심으로 하는 책을 읽으면, 예를 들어 부동산 투자서에서 몇몇 지역을 추천해주면, 그중 한 군데는 꼭 가보는 식으로 반드시 책 내용을 실천으로 옮겼다. 주식투자서를 읽는데 기업을 분석하는 방법이 나오면, 적어도 한 개 기업은 책에서 가르쳐준 방법을 따라서 분석해봤다. 그랬더니 재테크 실력이 크게 늘면서 남들에게 조언까지 해주게 됐다.

책 내용 중 내가 따라 하기 쉬운 것 하나만은 따라 해보기는 내가 성공으로 가는 과정에서 결과물을 y=x가 아닌 y=x²으로 만들어줬다.

내 성격이나 주변 상황과 맞지 않아 따라 하거나 실천하기 어려울 때는 어떻게 해야 할까?

나는 계속 억지로 힘들게 할 수는 없겠지만, 무조건 한 번은 해보자고 결론을 내렸다. 예를 들어 어떤 책을 읽는데, 이웃을 만나면 먼저 인사해야 운이 들어오는 길이 열린다는 내용이 있었다. 잘 알지도 못하는 사람에게 먼저 다가가서 인사하는 것은 내 성격과 너무 맞지 않았다. 아파트에 살면서 어쩌다 마주치는 사람에게 인사하려니 너무도 어색했다. 그래서 고민 끝에 나름대로 실천 방법을 정했다. 그날 하루는 무조건 인사하는 것으로 말이다. 그 다음 날부터는 다시 하지 않았지만.

이런 식으로라도 책에서 알려준 것은 어떻게든 행동으로 옮겨봤다는 것을 강조하고 싶다. 때로는 정말 실천하기 어려운 것도 있다. 하지만 대부분은 알면서도 하기 귀찮은 것이다. 따지고 보면 성공을 가로막는 제일 큰 장애 요인은 우리 마음 속 장벽이 아닐까 하는 생각도 들었다.

독서를 실천하면서 달라진 내 아침 일상을 잠깐 소개하고 넘어가도록 하겠다.

> 5시 30분 기상 → 5분 명상 → 드림보드 앞에서 인생 목표 다짐(큰
> 소리로 외치기) → 신문 읽고 기사 한 개 스크랩 → 버스 출근(독서) →
> 운동(30분 이상) → 감사 일기 쓰기 → 좋은 글 한 편 읽기(짧은 글) →
> 팀원들에게 좋은 글 소개하는 이메일 보내기

이것이 지금의 내 아침 루틴이다. 내가 독서를 실천하지 않았을 때 누군가가 당장 이대로 하라고 했다면, 아마도 어렵다고 생각하며 시도조차 하지 않았을 것이다.

위의 일상생활은 여러 책을 읽으면서 따라 하기 쉬운 내용부터 하나씩 접목해낸 결과이다. 즉 나만의 성공 방정식이다. 어떤 내용을 어떻게 접목하고 또 실천했는지 자세히 소개해보도록 하겠다.

독서, 즐기기 전에 미치기부터

방송인 서장훈 씨가 〈힐링캠프〉라는 방송에서 이런 말을 한 적이 있다.

"'즐기라. 그리고 미치라.' 나는 이 표현을 정말 싫어한다. 어쩌면 현실을 전혀 반영하지 않은 말이어서 더 거부감을 느끼는 것 같다. 꿈을 가지고 도전하면 성공할 수 있었던 시기에는 맞는 말이었는지도 모른다. 그런 시기에 도전해서 성공한 많은 사람이 자신의 성공 비결을 사람들에게 알려주고 있는 것 같다. 하지만 지금은 전혀 다른 세상이다."

지금 세상에서 매일 똑같은 일과를 살아가는 평범한 사람들은 대부분 서장훈 씨의 말에 충분히 공감할 것이다. 본인이 뭔가를 열심히 하느냐 하지 않느냐를 떠나서, 좋아하는 일을 즐기면서 산다는 것 자체가 현실적으로 불가능하다. 우리를 둘러싼 현실적인 문제들도 내가 꿈꾸는 일을 쉽게 찾아갈 수 있도록 놔두지 않는다.

꿈을 찾고, 성공하고, 그래서 지금 행복하게 사는 성공한 사람들은 좋아하는 일에 미치라고 한다. 하지만 적성을 정확히 모르거나, 지금 하는 일이 맞지 않는다고 생각하면 어떻게 해야 할까? 지금 당장 직장을 그만두고 새로운 적성을 찾고, 그렇게 찾은 적성에 맞는 일을 하면 정말 성공할 수 있을까?

솔직히 40년 조금 넘게 산 나 역시 아직도 내 적성을 잘 모르겠다. 학교 다닐 때는 수학을 곧잘 했다. 그래서 이과로 진학하는 것이 좋겠다고 해서 이과를 갔고, 대학은 수학, 과학 중심의 공과대학에 입학했다. 회사는 연구직 분야로 취직해 지금도 일하고 있다. 하지만 내가 몸담고 있는 분야가 적성에 맞는다거나, 이 일을 해서 행복하다고 느낀 적은 단 한 번도 없다. 오히려 활동적인 일, 그러니까 야구나 축구 같은 운동을 할 때 정말 행복했다.

좋아하는 일을 업으로 삼는 것이 좋다는 논리를 따른다면, 나는 운동선수를 했어야 한다. 운동을 해서 성공했어야만 한다. 하지만 내 운동신경은 그리 뛰어나지 않다. 운동선수는커녕 주변 사람들과 비교해봐도 운동 능력이 떨어진다는 사실을 잘 알기에 애당초 포기했다.

A라는 친구는 여행을 무척 좋아했다. 자가용이 흔치 않았던 대학생 시절부터 차를 사서 여행을 많이 다녔다. 나중에는 실제로 여행사를 운영하기도 했다.

A는 자신이 좋아하는 일을 하게 되어 정말 행복했을까? 아니다. 그 친구가 사업을 하는 동안, 자기가 좋아하는 일을 하게 됐다며 행복해하는 모습을 본 적이 한 번도 없다. 오히려 힘들다고 투덜거리지 않으면 다행이었다. 또 여행업을 한다고 해서 여행을 자주 다니는 것도 아닌 것 같았다. 여행을 취미로 좋아하는 것과 업으로 삼는 것은 전혀 다르다는 것은 그 친구만 봐도 쉽게 알 수 있었다. 안타깝게도 A가 운영하던 여행사는 이 년 만에 파산하고 말았다.

아마 여러분도 주변을 둘러보면 비슷한 사례를 한두 가지 정도는 찾을 수 있을 것이다. 즉 취미로 하는 일과 인생에서 성공하기 위해 하는 일은 반드시 구분해야 한다.

성공한 사람들이 즐기며 했다는 일은 그들이 취미로 삼은 일이 아니다. 일부는 취미로 시작해서 성공했을 수도 있지만, 대부분은 성공을 위해 선택한 일이다. 즐겼더니 성공했다가 전혀 아니다. 그럼에도 대부분 사람들은 이를 거꾸로 이해하고 있다. '자기가 즐기는 일을 정말 미치도록 해서 성공했다'라고 잘못된 인과관계로 인식하고 있다. '미치라. 그리고 (성공을 위해 이를) 즐기라!'가 정확한 표현이다.

앞서 독서를 통해 새로운 인생의 길을 찾았다고 말했다. 그 새로운 인생의 길에 이르기 위한 방법으로 독서를 택했다고 했다. 그렇다고 하면 나의 독서는 단순한 취미가 되어서는 안 된다. 성공하기 위해 책을 읽기로 결심했다면 다음과 같아야 한다. '독서에 미치라. 그리고 성공하기 위해 독서를 미치도록 즐기라!'

처음 성공을 위한 독서를 시작했을 때는 모든 것이 어색했다. 출퇴근 버스에서 책을 펼쳐 들면서 누가 나를 이상하게 보지 않나 하고 생각했다. 회사 동료들과 함께하던 점심시간도 책을 읽기 위해 혼자서 보내기로 결심했다. 주변에서 유별나다고 수군거리지 않을까 걱정됐지만 어쩔 수 없었다. 퇴근하고 집에 와서 책을 펴기까지 너무 힘들었다. 집에서는 나를 유혹하는 것들이 너무 많았다. TV 리모컨에 소파가 빨리 오라고 손짓을 보내는 것 같았다.

독서로 성공하기로 했으면 책 읽기에 미쳐야 했다. 나를 유혹하는 것들이나 나를 이상하게 보는 시선들을 극복해야 했다. 출퇴근길 버스 정류장에서 버스를 기다리면서 책을 꺼내 든다. 점심시간에 동료들이 밥을 먹자고 할 때 나는 좀 늦게 먹겠다고 한다. 퇴근하고 집에 오면 곧장 오늘 읽고 있던 책을 책상에 올려놓는다. 그리고 나서 씻은 다음 책을 읽는다. 취미가 아닌 생존을 위한 독서의 시작이었다.

여러분은 내가 독서로 성공한 이야기를 읽고 싶을 것이다. 내가 어떤 책을 읽고 어떻게 실천했으며, 무엇을 이루었는지 이야기하기 전에, 어떤 마음가짐으로 독서를 시작했는지 말해두고 싶었다. 독서를 취미가 아닌 배움이라는 자세로 접근해야 책을 읽고 난 결과물을 나의 것으로 만들 수가 있다. 이것이 내가 말하고 싶은 첫 번째 독서 성공 공식이다.

— 2장 —
꿈과 책이 만났을 때

난생처음 인생 설계를 해보다

'꿈'이란 단어를 사전에서 찾아보면, 잠자는 동안 꾸는 꿈을 제외하고 다음과 같이 정의되어 있다.

[꿈]

1. 실현하고 싶은 희망이나 이상

2. 실현될 가능성이 아주 적거나 전혀 없는 헛된 기대나 생각

'꿈'이라는 한 단어 안에 사뭇 다른 느낌의 뜻이 들어 있다. 한쪽에서는 실현하고 싶은 희망이나 이상이라 하고, 다른 한쪽에서는 실현 가능성이 없는 헛된 기대라고 한다.

직장인 대부분이 바라는 꿈은 아마 로또 당첨일 것이다. 당첨되어 지금 하고 있는 힘든 일을 당장 그만두는 모습부터 그려보게 된다. 이때 로또에 당첨되는 꿈은 2번에서 정의 내린 '실현 가능성이 아주 적거나 전혀 없는 헛된 기대나 생각'이다. 로또 당첨 이외에도 성인이 된 우리가 바라는 꿈은 대부분 헛된 기대나 생각이 대부분이다.

《부의 추월차선》을 읽고 가장 먼저 한 생각은 나의 꿈은 무엇인가였다. 긴 시간 고민한 끝에, 성인이 되어 지금까지 살면서 진정 바라는 꿈은 없었다는 결론을 내렸다. 꿈을 갖고, 그 꿈을 이루기 위해 노력해야 한다는 이야기를 들으면서 자랐는데, 성인이 되어서는 꿈이 사라졌다는 점이 너무 신기했다.

그래서 주변 사람들에게 꿈이 뭐냐고 물어봤다. 내 주변에 있는 3,40대 직장인들의 대답은 모두 비슷했다.

"직장 오래 다니는 거."

"돈 많이 버는 거."

다시 물어봤다.

"직장 그만두면 뭐 할 건데?"

"돈 많이 벌고 나면 뭐 할 건데?"

그러면 한참을 머뭇거린다. 그다음 인생에 대해 대답할 수 없는 것은 직장과 돈이 우리 인생의 최종 목표와 꿈이 아니기 때문이다. 직장과 돈은 진정 원하는 꿈을 이루기 위한 중간 과정의 산물일 뿐이다. 한마디로 지금 우리는 꿈 없이 살고 있다.

《부의 추월차선》이나 부를 쌓은 사람들의 성공 스토리를 읽어보면, '꿈을 갖고, 항상 그 꿈을 향해 달려가라'라는 공통적인 메시지를 전하고 있다. 인생의 꿈과 목표를 찾고, 설계하는 것부터가 다른 인생의 길로 가기 위한 시작이라는 생각이 들었다. 구체적인 꿈이 있어야 내가 가야 할 방향이 정해지고, 그에 맞게 무엇을 해야 하는지 명확한 방법을 찾아낼 수 있기 때문이다. 독서를 통해서 방향을 찾겠다고 결심했지만, 무턱대고 아무 책이나 읽을 수는 없지 않겠는가.

우선 내 인생에서 하고 싶은 일을 10가지만 써보기로 했다.

'아내와 100개국 여행하기'

'은퇴 후 전원주택에서 생활하기'

'어려운 주변 사람들 돕기'

이렇게 쓰고 나서는 더 이상 쓸 거리가 생각나지 않았다. 지금까지 인생을 아무런 목적 없이 살아왔다는 생각이 스쳐 지나갔다. 남들이 하는 대로 가장이라는 이유 하나만으로 열심히만 살아왔다는 증거였다.

한 시간 정도 진짜 내가 무엇을 하고 싶은지, 무엇을 좋아하는지 생각해봤다. 그러다 어쩌면 현실에 너무 구속되어, 하고 싶은 것을 못 적고 있는 게 아닌가 하는 생각이 들었다. 그래서 어디에도 얽매여 있지 않다고 생각을 전환해봤다. 직장이라는 틀을 벗어던지고, 돈과 시간의 여유가 있다는 전제로 고민해보기로 했다. 그러니 나의 꿈이 무엇인지 알기가 수월해졌다. 자꾸만 '은퇴 후에 무엇을 할까', '그 시점에 무엇을 할 수 있을까'를 고민하니 진짜 하고 싶은 일이나 꿈을 찾을 수 없었던 것이다.

직장의 틀을 벗어던지고 나서는 내가 바라는 인생의 꿈, 목표를 수월하게 적어 내려갈 수 있었다. 책 한 권 쓰기부터 시작해 내가 아는 소중한 지식을 주제로 강연하기, 해외 봉사 활동, 사회봉사 재단 설립, 악기 다루기 등등 쏟아져 나왔다. 이게 정말 내가 꿈꾸는 삶이며, 인생의 목표라는 확신이 들었다. 꿈 목록을 적은 것만으로도 뿌듯했다. 뭔가 달성한 느낌이 들었다.

그렇지만 역시 허전했다. 인생 설계는 좀 더 구체적이어야 한다. 계획이 구체적일수록 무엇을 해야 할지가 선명하게 드러나기 때문이다.

각각의 꿈을 이루려면 인생의 각 시점에서 무엇을 해야 하는지를 적어봤다. 예를 들면 60세에 자산 50억 원 달성하기가 목표라면, 50세에는 20억 원 정도는 모아야 할 것이고, 45세에는 10억 원쯤은 모아야 한다.

그럼 올해는? 투자를 해야 한다. 아무 지식도 없는데 투자를 할 수는 없는 노릇이다. 그럼 오늘 당장 내가 할 일은? 바로 재테크서를 읽으며 지식부터 습득해나간다.

꿈들을 이루기 위해 해야 할 일을 인생의 시점별로 적으니 지금 당장 무엇을 해야 할지가 선명히 드러났다. 우선 경제적 자유를 위해 재테크서를 읽기로 마음먹었다. 내 몸이 건강해야 이 모든 것을 이룰 수 있기에 건강서도 틈틈이 읽기로 했다. 꿈을 향해 가는 길 중간에 내 몸과 마음이 지치지 않도록 지속적으로 의욕을 불어넣을 필요가 있었다. 그래서 자기계발서도 꾸준히 읽기로 했다.

나만의 인생 설계를 종이에 적고 나니, 이제부터 제대로 된 인생을 살 수 있을 것 같았다. 나를 가둬놓았던 현실이라는 틀을 벗어던지고 나니 생각도 변했다.

나를 포함한 대부분 직장인들은 '어떻게 하면 회사를 안 잘리고 오래 다닐까'를 고민한다. 그런데 인생 설계를 한 뒤에는 다르게 생각하게 됐다. '어떻게 하면 빨리 회사를 그만두고 내가 하고 싶은 일을 할 수 있을까?'

그렇다. 나는 꿈을 이루기 위해 지금의 틀을 벗어던지기로 했다. 할 수 있다고, 가능하다고 믿었다. 책을 읽고, 배우고, 따라 하다 보면 분명 할 수 있을 것이었다.

굴러다니던 꿈을 찾다

꿈을 주제로 한 강연회를 들었다. 강연회 중간에 《시크릿》이란 책의 핵심을 담은 동영상을 오 분 정도 보여줬다. 원하는 것을 이루었다고 생각하고 그에 맞춰 행동하면 정말로 이루어진다는 내용이었다. 이뤄지길 바라는 내용을 시각화하고, 꿈에 진심을 담아 우주로 내보내 결국 성공한 사례도 함께 소개됐다.

너무 비현실적이고, 영적인 내용이라서 믿음이 가지 않는다는 사람도 있었다. 하지만 나는 왠지 빨리 해보고 싶었다. 대학 4학년, 한참 취업을 준비하던 시절에 간절한 바람의 효과를 본 기억이 있기 때문이었다.

대학교 졸업 직전 학기에 취업을 준비할 때였다. 9~10월에 본 면접에서 계속 떨어지고 있어서 마음이 답답했다. 그때 역시 취업이 쉽지 않았지만, 주변 친구들은 일찌감치 좋은 대기업 취직에 성공했다. 나는 주변 친구들보다 늦게까지 구직 활동을 하고 있었으니 그 불안감이 더 컸다.

11월, 한 기업 인사과 담당자가 학교에 리쿠르팅을 와서 합격 비결이라며 한 가지를 가르쳐줬다.

"면접관 앞에서 다음과 같이 속으로 외쳐보세요. '당신은 나를 뽑을 수밖에 없다.' 이렇게 계속 주문을 외우면 당신은 원하는 회사에 들어갈 수 있습니다."

터무니없는 이야기처럼 들렸지만, 속는 셈 치고 해보기로 했다. 돈이 드는 것도 아니고, 손해 볼 일도 없기 때문이었다. 그런데 놀라운 일이 일어났다. 면접을 보는 기업마다 합격한 것이다.

아마도 외침이 무의식적으로 자신감을 심어줘 좋은 결과가 있지 않았나 싶었다. 마음속에서부터 자신감이 뿜어져 나오는 사람은 외모에서 풍기는 분위기가 남다르다고 하지 않던가. 여하튼 마음속에 자신감을 불어넣는 외침이 효과가 있다고 믿게 됐다.

《시크릿》 편집 동영상은 입사 면접 때 마음속으로 주문을 외우고 합격했던 기억을 떠올리게 만들었다. '강하게 염원하면 이루지 못할 것은 없다'라는 생각이 다시금 스쳐 지나갔다.

집에 오자마자 편집된 것이 아닌 전체 동영상을 찾아 시청했다. 그러고 나서 뭘 해야 하나 고민하는데, 뜻밖에도 책장에 《시크릿》이 꽂혀 있는 것이 아닌가. 당연히 당장 읽기 시작했다. 그날 다 읽고 아내에게 책에 대해 물어봤다.

"이 책 언제 산 거야?"

"결혼하기 몇 년 전에 샀어. 왜?"

"이 책 내용 그대로 해봤어?"

"푸~. 이대로 해서 되면 모두 부자 됐게?"

나는 책 내용이 과학적으로 맞느냐 맞지 않느냐를 따지기보다는 그냥 빨리 무엇이라도 실천해보고 싶었다. 게다가 책에 실천하기 어려운 내용은 거의 없었다.

우선 책과 동영상에서 설명한 대로 드림보드를 만들기로 했다. 즉시 문방구로 달려가 코르크보드를 사 왔다. 그리고 인생 계획표 내용과 최대한 일치하는 사진을 인터넷에서 찾아 출력한 다음 깔끔하게 코팅해서 인생 계획표와 함께 보드에 붙였다.

이후 방을 들락날락하면서 드림보드를 볼 때마다 인생 목표들이 이뤄지는 상상을 했다. 동영상에서 봤던 것처럼 소원을 빌면서 우주에 기운을 내뿜듯이 말이다. 모든 것을 다 이루게 해줘서 고

맙다고도 우주에 대고 말했다.

'저에게 경제적 자유의 꿈을 이루게 해주셔서 감사합니다. 가족들과 편하게 살게 해주셔서 감사합니다. 책을 쓰게 해주셔서 감사합니다. 좋은 차를 갖게 해주셔서 감사합니다…….'

《시크릿》에서 가장 기억에 남으면서도 따라 하기 쉬운 내용이 한 가지 더 있었다. 작은 돌 하나를 구한 다음에, 그 돌을 갖고 다니면서 만질 때마다 '감사'한 마음을 가지라는 내용이었다. 이른바 '감사의 돌'이었다. 모양이 특별하다거나, 소장 가치가 있다거나 하는 돌이 아니라 주변에서 구하기 쉬운 돌 하나에 내가 특별한 의미를 부여하면 됐다.

그 즉시 내가 사는 아파트 앞 공원에 가서, 작고 손에 쥐기 쉬운 부드러운 돌 하나를 골랐다. 그 돌을 물로 씻고, 항상 호주머니에 넣고 다니기로 했다. 호주머니에 손을 넣을 때마다 돌을 만지면서 속으로 외친다.

'오늘 하루에 감사하며, 세상에 감사합니다.'

책을 읽으면서 인생을 관통하는 꿈이라는 것을 처음 생각해보고 막연히 머릿속으로 그려보던 때와 꿈을 시각화한 이후 느낌은 너무나도 달랐다. 드림보드를 보면서 꿈이 이뤄진 것처럼 속으로 외칠 때마다 정말 꿈을 이룰 수 있을 것 같다는 생각이 들었다.

인생 계획을 담은 **코르크보드와 감사의 돌**

드림보드를 만들고 사 년이 지난 지금은 완전한 경제적 자유까지는 아니지만, 노후 걱정은 하지 않을 정도로 자산을 형성했다. 슈퍼카 구입으로 가기 위한 중간 단계로 국산 대형차를 마련했다. 은퇴 후 사회봉사 단체도 만들고, 해외 봉사 활동도 다니기 전에 당장 사회를 위해 무엇을 할 수 있을지 고민한 끝에 기부도 시작했다. 나의 인생 이야기를 책 한 권으로 쓰자고 했는데, 이렇게 책을 펴낼 기회도 얻었다. 그 밖에도 여러 가지로 전에는 생각하지 못했던 삶의 변화를 매일 느끼고 있다.

감사의 돌은 지금도 내 바지 호주머니에 있다. 호주머니로 손이 갈 때마다 나는 외친다. '감사합니다.' 신기하게도 '감사합니다'라고 속으로 자주 외치니, 어느새 자연스럽게 말버릇이 됐다.

누군가 도움을 청하면, 나는 알겠다고 하면서 말끝에 자연스럽

2장 꿈과 책이 만났을 때

게 "감사합니다"라고 말한다. 내가 도움을 받는 것이 아니라 남에게 도움을 주겠다고 하면서 말이다. 잘 생각해보면 이것도 감사할 일이다. 내가 남을 도와줄 수 있다는 것은 그만큼 누군가에게, 또는 사회에 필요한 사람이라는 뜻이니까.

이처럼 세상에 감사하지 않을 일은 하나도 없다. 감사의 돌은 나를 긍정적인 사람으로 변화시켜줬고, 긍정적인 생각은 내가 꿈을 이루어나가는 데 항상 자신감을 불어넣어주고 있다. 이 두 가지만으로도 인생의 선순환을 체험할 수 있었다.

지인들에게 《시크릿》을 아느냐고 물어보면, 책이든 동영상이든 봤다고 거의 대답한다. 그런데 《시크릿》에서 소개한 방법을 그대로 해봤냐고 물어봤을 때 하고 있다거나 한 번이라도 시도해봤다는 대답을 들은 적은 없다. 아마도 《시크릿》에서 이야기하는 내용이 다소 영적이고, 미신적이라 믿음이 가지 않았으리라. 또 좋은 방법을 상당히 다양하게 소개하고 있어서, 그중에서 뭘 할지 선택하기 힘들 수도 있다. 하지만 가장 큰 이유는 따라 하기 귀찮기 때문일 것이다.

책에서 소개한 내용을 모두 다 실천할 필요도 없고, 사실 거의 불가능하다. 간단한 것부터 시작해보자. 나는 드림보드를 만드는데 5,000원도 채 쓰지 않았다. 돌은 주변에서 작고 예쁜 것 하나를 주워서 호주머니에 넣고 다니면 된다. 그 밖에도 《시크릿》에서는 좋은 내용을 많이 알려주고 있다.

여러분의 상황에 맞춰 따라 하기 쉽고, 무의식적으로 지속할 수 있을 것 같은 내용 한 가지만 실천해보길 추천한다. 이런 작은 실천이 분명 인생의 목표를 이루고 꿈을 이루는 길에 반딧불처럼 여러분을 천천히 인도해줄 것이다.

아침이 기적이 되다

    독서를 실천한 덕분에 재테크 실적도 괜찮게 나타나고 있었고, 직장 생활에도 자신감이 붙어 있었다. 뭔가 잘되고 있다는 느낌과 함께 꿈을 이루는 데 점점 탄력을 받는 듯했다. 여기서 좀 더 열심히 하면 내가 바라는 꿈에 빨리 도달할 수 있을 것 같아 다소 무리했다.

    우선 기상 시간을 5시 30분에서 삼십 분 당겨 5시로 했다. 신문 두 종류를 읽고, 출근해 한 시간 이상 운동했다. 퇴근해서는 자정까지 책을 읽었다. 몸에 무리가 가도 이상하지 않을 정도의 강행군이었다.

그러던 중 귀가 이상해졌다. 처음에는 중이염인 줄 알고 약을 먹었다. 그런데 일주일이 넘도록 낫지 않고, 오히려 시간이 갈수록 한쪽 귀가 점점 들리지 않았다.

세 번째로 간 병원에서 '돌발성 난청'으로, 심각한 상황이니 빨리 대형 병원에 가야 한다고 말해줬다. 그렇게 간 대학 병원 의사 선생님이 한쪽 청력을 잃을 수도 있다며 당장 입원하라고 했다. 입원하기 위해 옷가지를 챙기러 집으로 가는 길, 나 자신이 너무 안쓰러웠다. 새로운 인생의 방향을 잘 정해서 잘 가고 있었는데, 서서히 성과도 나타나고 있었는데, 하늘이 쉽게 가도록 내버려두지 않는다고 원망했다.

집에서 짐을 싸서 바로 병원으로 가지 않고 서점에 들렀다. 일주일 정도는 입원해야 한다고 하니 무료할 때를 대비해 읽을 책을 샀다. 일 년 동안 독서에 빠져 살았더니, 입원하러 가는 상황에서도 책을 놓고 싶지 않았다.

대학 병원 의사 선생님은 청력을 회복할 확률이 30퍼센트 정도라고 했다. 무섭기는 했지만, 한쪽이 잘 들리지 않아도 다른 한쪽은 잘 들리니 다행이라고 생각하며 마음 편히 있기로 했다. 다행히 시키는 대로 치료를 받고, 마음 편하게 있어서 그런지 회복 가능한 30퍼센트 안에 들어서 어느 정도 청력이 돌아왔다. 전 같지는 않았지만, 일상생활에 문제는 없다.

입원해 있는 동안은 정말 마음 편하게 책을 읽었던 것 같다. 그 전의 일 년간 나의 독서는 말 그대로 살기 위한 전투였다. 직장 생활을 하다 보니, 당연히 이따금 야근을 했다. 늦은 밤 집으로 돌아와 바로 자지 않고, 계획한 독서량을 채우기 위해 읽고 또 읽었다. 또 책에서 뭔가를 얻어내야 한다는 일념으로, 마음 편하게 읽지 못하고 학교에서 교과서를 공부하듯 읽었다. 계획한 분량을 다 읽지 못하면, 잠시 엎드려 자고 일어나 다시 읽기도 했다. 육체적으로나 정신적으로 얼마나 피곤했겠는가.

그런데 병원에서는 남는 게 시간이다. 또 무리해서는 안 된다고 하니, 모든 걸 내려놓고 편히 쉰다는 마음으로 지냈다. 병원 침대에 붙어 있는 접이식 밥상에 책을 올려놓고, 온종일 독서만 했다. 입원 생활은 꿈 같은 휴가였다.

병원에서 읽은 책 중 가장 인상 깊었던 책은 《미라클 모닝》이다. 이 책은 매일 아침 육 분만 투자하면 인생을 바꿀 수 있다고 말한다. 육 분만 하면 된다니 아마도 따라 하기 쉬울 테고, 책을 읽고 따라 하기 쉬운 것을 생활에 접목하는 것이 내 독서법의 기본 원칙 아닌가.

각 일 분마다 해야 하는 일은 다음과 같다.

① 명상하기

② 확신과 다짐의 선서하기

③ 비전보드를 보거나, 이뤘다고 상상하기

④ 감사 일기 쓰기

⑤ 자기계발서 읽기

⑥ 몸 움직이기

③은 이미 매일 하고 있고, ⑤는 출퇴근 중에 꾸준히 하고 있으니, 여기에 더해 가장 쉬워 보이는 명상을 하기로 했다. 어차피 매일 드림보드 앞에서 꿈이 이뤄질 거라는 상상을 하고 있으니 내친김에 ②도 같이 실천해보기로 했다.

퇴원하고 바로 다음 날 아침부터 명상을 시작했다. 책에서 알려준 대로 처음에는 일 분만 했다. 아침의 고요함 속에서 하는 명상은 나를 너무나 편하게 만들었다. 머릿속이 깨끗하게 청소되는 기분이라고 해야 하나. 어느 순간부터 일 분만으로는 부족하다고 느꼈다. 지금은 5~10분 정도를 하고 있다.

명상할 때 무념무상의 세계로 들어가야 한다고 하는데, 처음에는 쉽지 않았다. 주로 전날 기분 나빴던 상황이 떠올랐다. 나를 기분 나쁘게 한 사람을 용서하는 데 주로 명상 시간을 썼다.

삼 년 정도 꾸준히 명상을 해온 지금은 용서보다는 감사하는 명상을 한다. 어느 순간부터인가 미움이 사라진 것 같다. 대신 그 자리를 세상에 대한 고마움이 채운 것이다. 누군가에 대한 미움보다는 주변 사람들에게 감사할 일은 없는지부터 생각하니 자신이 굉장히 건전해진 느낌을 받기도 한다.

명상을 하고, 드림보드 앞에 서서 A4 용지에 적어놓은 인생 계획 리스트를 힘차게 외치고 나서 잠깐 눈을 감은 채 꿈이 이뤄졌다는 상상을 한다. 무의식 속에서 외치고, 상상하니 정말 이뤄질 것 같다는 자신감이 생긴다. 이 역시 삼 년을 꾸준히 해왔다.

계획보다 빨리 달성한 인생 목표도 많다. 애쓰지도 않았는데 저절로 이루어진 것도 있다. 오 년 안에 국산 대형차를 산다고 했는데, 많은 곳에 투자하고 있어서 도저히 살 형편이 안 됐다. 그런데 어느 날 친한 지인이 차를 바꾸려 한다며, 지금 타고 있는 차를 사지 않겠냐고 물어왔다. 그것도 헐값에 말이다. 당시 시세가 중고로 2,000만 원이 넘었는데 1,300만 원만 받겠다고 했다. 이런 식으로 간절한 바람만으로 이뤄진 목표들도 있다.

운동선수들이 시합 전이나 중간에 기합을 넣는 이유는 자신이 쓸 수 있는 에너지의 100퍼센트 이상을 끌어내기 위해서라고 한다. 고요한 아침에 드림보드 앞에서 내가 세운 인생 계획을 큰 소리로 외치는 것은 '길을 잃지 않고, 내가 가고자 하는 인생 목표에 다다르게 해주는 또 다른 안내 메시지'이다.

축구, 야구 등 팀플레이가 중요한 스포츠의 경우, 감독들은 경기 흐름을 중요시한다. 실력이 비슷한 팀끼리 맞붙었는데, 큰 스코어 차이로 승패가 갈리는 경우가 있다. 지는 팀에서 흐름을 내어주고서 이길 수 있다는 희망을 내려놨기 때문이다.

아침에 일어나 명상을 하고, 드림보드 앞에서 확신의 선서를 하고 나면 게임에서 이길 수 있을 것 같은, 즉 시간이 내 편이 되어 이대로만 하면 목표를 이룰 수 있으리라는 확신이 든다. 팽팽한 경기 흐름에서 나에게로 조금씩 승리의 기운이 넘어오는 그런 기분 말이다.

이렇게 해서 나만의 성공 방정식 기본 틀이 만들어졌다.

100점보다는 80점

내가 회사에서 신입 사원들에게 강조하는 것이 한 가지 있다. 일을 하다 보면 바쁠 때도 있지만, 분명 한가할 때도 있다. 여유가 생길 때는 그 여유를 잠시 즐기라.

과거에 회사 일로 한없이 바쁘게 살다 보니 내 몸이 망가지는 것이 느껴졌다. 몸 상태가 정상이 아니어서 집중력도 떨어지고, 결과도 좋지 않았다. 또 가족들과의 생활이 무너졌다. 생계를 위해 돈을 번다고 해도 가족과의 관계가 다 무너지고 나서는 아무 소용도 없지 않겠는가. 항상 바쁘면 긴장 상태가 너무 지속된 나머지 비효율적으로 일하게 되기 때문에 회사에도 좋지 않다.

인생에도 좋을 때가 있으면 나쁠 때가 있듯이, 회사에서도 지치지 않고 꾸준히 일하려면 바쁠 때는 그에 맞게 열심히 해야겠지만, 여유가 있을 때는 잠시 그 여유를 즐기는 것이 좋다.

어느 정도 나만의 성공 방정식이 만들어지고, 이에 맞게 생활하면서 고민이 생겼다. 바로 '어떻게 하면 지치지 않고 꾸준히 할 수 있을까'였다. 앞서 소개한 《미라클 모닝》 뒷부분을 보면 일일 체크리스트가 나온다. 이 양식을 활용해 내가 습관화하고 싶은 일들을 잘하고 있는지 점검하면 될 것 같았다. 나만의 일일 체크리스트를 만들기로 한 것이다.

처음으로 돌아온 월말에 점검해보니 결과가 처참했다. 우선 주말은 계획대로 실천한 항목이 거의 없었다. 평일도 야근이나 저녁 약속이 있어서 실천하지 못한 항목이 너무 많았다.

나도 평범한 사람이구나, 특별하지 않구나 싶었다. 계획을 100퍼센트 달성하지 못하면 성공의 문턱을 넘지 못하고 주저앉지는 않을까 걱정이 앞섰다. 그러다 계획한 대로 100퍼센트 실천하는 것이 정말 가능할까 하는 의구심이 생겼다.

가장 기본적인 부동산 투자법 중에 정부가 발표하는 교통 계획의 파급력을 분석해 투자하는 방식이 있다. 어느 동네에 지하철이 들어오는데, 현재 기준에서 싼지 비싼지를 따져보고 투자하는 식이다.

문제는 정부가 철도, 지하철, 도로 건설을 계획했을 당시의 자료와 완공 이후를 비교해보면, 계획한 일정대로 진행된 것이 하나도 없다는 사실이다. 일부는 일정에 맞췄을지 모르겠지만, 내가 아는 것 중에는 없다. 이렇게 나라가 추진하는 일도 100퍼센트 계획대로 되기 힘든데, 개인이 1년 365일 100퍼센트 실천하기란 쉽지 않다고 느꼈다.

또 계획한 대로 100퍼센트 달성했다 해도 생활에 다소 문제가 있다고 생각했다. 일 년 동안 실패 없이 100퍼센트를 달성했다고 하면 의지가 정말 대단한 것이며 칭찬받아 마땅하겠지만, 어떻게 생각해보면 인생에 변수를 만들지 않았다는 이야기도 된다. 그만큼 인생이 단조롭고 무미건조하다는 의미이다. 나는 이 또한 올바르지 않다고 생각했다.

인생이란 때로는 좋은 음악처럼 자연스럽게 흘러야 할 때도 있는 법이다. 계획에서 잠시 벗어나 친구들을 만날 수도 있고, 누군가를 위로하기 위해 예정에 없던 장례식장에 갈 수도 있다. 우리가 바라는 행운은 여유와 다양한 만남 속에서 생기는 것이지, 숨막히게 스케줄이 꽉 짜인 곳에서는 나타나지 않는다. 즉 기본적으로 계획한 일을 달성하려고 노력해야겠지만, 100퍼센트 달성하지

체크리스트

1월 : 건강과 함께 내일을 다지자

	1	2	3	4	5	6	7	8	9	10	11	12	13	14	15	16	17	18	19	20	21	22	23	24	25	26	27	28	29	30	31
1 5시 15분 기상																															
2 5분 명상																															
3 확신의 선서																															
4 최소 30분 운동																															
5 경제 신문 읽고 기사 스크랩																															
6 독서 30분																															
7 물 1리터 마시기																								요 약							
8 좋은 글 읽기																															
9 좋은 글 나누기																															
10 아침 단식																															
11 점심 건강식																															
12 읽기 쓰기																															
13 9시 이후 야식 금지																															

주간/월간 실천 사항

주 1회 평일 가족과의 시간																															
책 8권 읽기																															
경의 월 2회																															
1회 이내 자유 시간 주기																															
주 2회 블로그 글쓰기																															

67

2장 꿈과 책이 만났을 때

못했다고 자책하거나 포기하지 말라는 것이다.

체크리스트를 점검하면서 계획대로 달성하지 못했음을 확인하면, 내가 나태해진 것은 아닌가 하고 자꾸 자책하게 된다. 나는 역시 안 된다며, 다음에 다시 해야겠다며 중도에서 포기하기도 한다. 그러나 가장 중요한 것은 중도에 그만두지 않고 조금이라도 지속하는 것이다.

그래서 나는 목표와 달성에 대한 기준을 달리하기로 마음먹었다. 우선 체크리스트에서 주말 계획을 빼버렸다. 주말 계획을 지켜야 한다는 강박관념이 자꾸만 가족들에게 소홀해지게 만들었다. 나를 포함한 가족들 모두 같이 잘살자고 하는 행동이 오히려 가족들에게 피해를 주고 있으니 잘못된 방법이라 판단했다.

또 100퍼센트가 아닌 80퍼센트 달성을 목표로 했다. 의욕도 넘쳐나고, 욕심도 많으면 그만큼 하고 싶은 일도 많아진다. 앞서 이야기했지만, 목표를 100퍼센트 달성하면 좋겠지만, 인생에는 항상 변수가 생기게 마련이다. 그래서 20퍼센트 정도는 인생의 변수라고 여기기로 했다. 매달 체크리스트를 점검했을 때 80퍼센트만 달성해도 성공했다고 여겼다.

이런 식으로 힘을 조금 빼고 나니 마음도 한결 편해지고, 계획을 지켜나가는 것도 수월해졌다. 80점만 받아도 나를 위한 보상

(가령 갖고 싶었던 IT기기를 산다든가 친구와 술자리를 갖는다든가)을 할 수 있다고 생각하니, 중간에 지키지 못하는 계획이 생겨도 다시 열심히 해서 월말까지는 달성하자고 마음먹게 됐다. 그 결과, 지금까지도 중도 포기 없이 꾸준히 이어오고 있다.

80점은 달성하기 어려운 점수가 아니다. 이미 주말은 실천 계획에서 제외했으니, 평일 약 20일 중에 16일만 성공하면 된다. 한 달을 기준으로 절반만 지키면 성공이다. 이틀에 하루꼴이다. 이렇게 계산하면 정말 달성하기 쉽지 않은가.

지속하는 힘을 얻기 위해서는 우선 무엇을 할지에 대한 계획이 필요하다. 그리고 그 계획을 잘 지키고 있는지 점검할 리스트도 필요하다. 《미라클 모닝》의 체크리스트를 활용해도 좋고, 내가 이용하는 양식을 활용해도 좋다. 우선은 실천부터 해보자. 그러면서 자신만의 틀을 만들고, 점점 완성도를 높여나가면 된다.

책을 읽다가 해보고 싶은 내용이 있으면 체크리스트에 적어 넣고, 꾸준히 점검해나간다. 매일 실천해야 하는 내용이라면 일일 체크리스트에 넣고, 일주일에 한 번이면 주간 체크리스트에 넣는다. 틀이 갖춰지면, 활용하는 방법은 무궁무진하다.

다만 절대 100점을 목표로 하지 말라. 80점을 목표로 해도 충분하다. 지치지 않고 꾸준히 하면서 성공의 길까지 가는 것이 최우선이다. 100점 한 번 맞고 그만두는 것보다, 80점을 꾸준히 받는 것이 인생에서 승리하는 길이다.

그리고 80점을 받았다면 자신에게 보상하라. 옷을 사거나, 좋은 음식을 먹거나, 여행을 가거나, 무엇이든 좋다. 반드시 보상하라. 그렇게 해서 지속하는 힘이 길러지면, 어느 순간부터는 보상이 없더라도 자연스럽게 습관이 된다.

이런 습관들이 모여 다른 누구의 것도 아닌, 여러분 자신만의 성공 방정식이 될 것이다.

실천하는 독서 습관을 만들기까지

말년 병장이었을 때다. 군대에 갔다 오지 않았더라도 말년 병장 시절은 한가하고 무료하다는 것쯤은 다들 알 것이다. 운동을 좋아한다고 해도 하루 종일 할 수 있는 것도 아니고, 공부는 조만간 복학하면 지겹도록 할 테고, 뭘 할까 고민하는데 내무반에 있는 기타가 눈에 띄었다.

지금의 내무반은 자유스러운 분위기라고 하는데, 내가 있던 시절에는 기타를 치려면 병장 정도는 돼야 했다. 그 당시 기타를 칠 줄 아는 후임 병사가 있어서 기타를 어떻게 배워야 하냐고 물어봤다. 후임은 가요집 맨 뒤에 있는 설명을 보면서 코드를 익힌 다음

악보 위에 표시된 코드에 맞춰 치라고 했다. 지금 생각해보니 그 친구도 그다지 잘 알지는 못했던 것 같다. 여하튼 알려준 대로 가요집 뒤에 있는 코드에 맞춰 기타 치는 연습을 했다.

왼 손가락으로 기타 줄을 잡을 때마다 손끝이 너무 아팠다. 기타 줄 끝부분을 손가락으로 꽉 눌러야 그에 맞는 화음이 나온다. 처음 익힐 때는 힘을 엄청 줘야 코드에 맞는 소리가 조금 나왔다. 줄을 누를 때 손가락이 아프다고 힘을 약간만 빼면, 당장 듣기 싫은 소리가 나왔다. 불협화음인 것이다. 원래 이렇게 손가락이 아프냐고 물어보니, 굳은살이 박일 때까지는 어쩔 수 없다고 했다.

이 주 정도 지나니 슬슬 손끝에 굳은살이 박이기 시작했다. 계속 열심히 연습해서 그랬을 수도 있지만, 전보다 힘을 덜 줘도 소리가 많이 좋아진 것이 느껴졌다. 3~4주가 지나서 손끝에 모두 굳은살이 박일 정도가 되니, 힘은 전보다 훨씬 덜 들이고도 소리는 몇 배나 맑아진 듯했다. 그 뒤에는 실력에 탄력이 붙었는지, 어려운 코드가 들어간 노래를 기타로 치는 게 점점 쉬워졌다.

습관의 형성도 비슷하다. 아침에 일어나는 시간을 평소보다 10분 정도만 앞당겨도 하루가 피곤하다. 이처럼 처음에는 무엇을 하든 쉽지 않다. 하지만 일단 내 몸에 맞게 길들이고 나면 관련된 다른 것들은 처음 시작할 때만큼 노력을 들이지 않아도 쉽게 할 수 있다.

계속 똑같은 말이지만, 책에서 읽은 내용 중 쉬운 것 한 가지를 습관화하는 게 어렵지, 한 가지라도 습관화가 된 뒤에는 탄력을 받아서 나만의 성공 방정식을 만들어가는 길이 순탄해진다. 이렇게 하나둘씩 습관이 늘어나면, 나중에는 오히려 습관대로 하지 않으면 찜찜하다. 그리고 이런 수준이 되면, 독서를 실천하는 습관을 잘 유지하고 있는지 확인하는 체크리스트는 사실 크게 의미가 없다.

나만의 실천 독서법으로 어느 정도 아침 생활 패턴이 정착됐을 무렵이다. '5시 30분 기상 → 명상 → 드림보드 앞에서 확신의 선서 → 신문 읽기 → 출근 버스 독서 → 운동 → 업무 시작'의 패턴으로 생활하고 있었다.

자기계발서를 읽다가 생활 패턴에 쉽게 추가할 수 있는 내용을 찾았다. 많은 자기계발서에서 소개하는 내용으로, 신문을 읽다가 중요하다고 생각되는 기사를 읽으면 스크랩해두라는 것이었다. 이러한 데이터가 쌓이면서 자기만의 인사이트가 형성된다는 논리였다.

나는 이미 아침에 신문을 읽고 있었던 터라, 중요한 기사 하나 정도 오려서 보관하는 것은 일도 아니었다. 당장 신문을 읽고, 기

2장 꿈과 책이 만났을 때

사 하나를 가위로 오렸다. 문득 그냥 보관하는 것보다 내 의견을 한 줄 정도 달아보는 게 좋겠다 싶었다. 기사에 대해 나름대로 분석한 내용을 적어봤다. 이런 일을 어느 정도 지속하다 보니, 도움이 되는 것이 느껴졌다. 신문에서 알려주는 정보에 대한 나만의 인사이트가 생기기 시작했기 때문이다. 그냥 읽기만 하던 것에서 벗어나, 그 정보가 지닌 가치를 나만의 시각으로 분석하는 힘이 생기기 시작했다. 내가 변하고 있다는 것을 느끼니, 신문을 스크랩해서 분석 코멘트를 다는 것이 자연스럽게 습관이 됐다.

한상복 씨가 쓴 《배려》를 읽어보면, 매일 고객이나 지인에게 좋은 글을 써서 보낸다는 내용이 나온다. 나도 책을 읽다가 좋은 문구를 발견하면 공유하고 싶었기에 책처럼 해보자고 결심했다. 책을 읽다가 좋은 문구가 나오면 간단히 필기해놓거나, 그럴 수 없는 상황이면 스마트폰으로 사진을 찍어놓는다. 출근해서 전날 기록한 좋은 문구를 이메일로 친한 회사 동료들에게 보내기 시작했다.

처음에는 다소 부끄러웠다. 내가 그 좋은 글처럼 살지도 못하는데, 이렇게 살라고 훈계하는 것 같았다. 그러다가 언젠가 출장인가 휴가 때문에 이메일을 보내지 못했다. 메일을 받아 보던 한 명이 왜 안 보내느냐고 물었다. 그러면서 하는 말이 매일 아침마다 어떤 좋은 글이 도착하나 궁금하기도 하고, 읽고 나면 자신에 대해 이런저런 고민도 하게 된다는 것이다.

이런 사람들의 반응에 무척 기뻐서 매일 힘을 내 이메일을 보내기도 했지만, 시간이 지날수록 오히려 나에게 도움이 되는 것이 더욱 많다는 것을 깨달았다. 우선 좋은 글들을 다시 쓰니, 되새김 효과가 있었다. 또 삶에 나태해지지 않도록 해주는 채찍 역할도 해줬다. 좋은 글을 받는 사람도 기뻐하고, 나도 보람을 느끼니, 이 또한 어느 순간 습관으로 자리 잡았다.

《시크릿》을 비롯해 성공한 많은 사람들이 공통적으로 추천하는 것이 있다. 바로 '감사 일기'이다.

나는 출근하면 전날 진행하던 업무와 오늘 해야 할 일을 회사 다이어리에 정리하는 것으로 일과를 시작한다. 다이어리에 업무 내용을 정리하기 전에 감사하는 내용을 매일 한 가지씩만 적으면 어떨까 싶었다. 이런 식으로 시작한 감사 일기는, 지금은 별도로 감사 일기장을 만들 정도로 완전히 습관으로 정착했다.

나만의 실천 독서법으로 두세 가지 정도만 습관으로 만들고 나면, 책에서 읽은 내용 중에 접목하고 싶은 것들을 습관화하는 것이 한결 쉬워진다.

갑자기 신데렐라처럼 등장해서 사람들의 이목을 끄는 중고참

야구 선수들이 있다. 이런 선수들은 한 해 반짝 떴다가 사라지는 것이 아니라, 나이로 인해 기량이 떨어지기 전까지 꾸준한 실력을 보여준다. 이들의 이야기를 들어보면, 한결같이 어느 순간 타격에 눈을 뜨기 시작하면서 야구가 쉬워졌다고 말한다. 이승엽, 이종범처럼 타고난 재능은 부족할지 몰라도, 열심히 꾸준히 하니 자기도 모르게 잘하고 있더라는 의미이다.

나는 이들이 대충 연습해서 이런 성공을 거뒀다고 생각하지 않는다. 익숙해질 때까지 연습 또 연습한 끝에 어느 순간 쉬워졌다는 표현이 맞는다.

여러분이 만들어갈 실천 독서법도 이와 같다. 처음에는 쉽지도 꾸준히 하기도 어렵다. 내 몸에 맞지 않는 생활을 시작해야 하기 때문이다. 그렇지만 책에서 알려주는 내용 중 쉬운 것부터 따라 해보라. 쉬운 것 몇 가지만 습관으로 만들고 나면, 나만의 성공 방정식에 눈이 뜨이는 순간이 온다. 이때부터 독서법은 더욱 탄력을 받아 쉽게 접목해나갈 수 있다. 성공의 길로 빠르게 접근하게 될 것이다.

실천 독서가 앞당겨준 나의 미래

꿈이나 목표를 이루는 데 제일 중요한 것은 간절함이다. 간절히 바라면서 목표에 집중한다면 이루지 못할 것은 없다. 문제는 우리가 원하는 삶의 목표나 꿈에 하루 24시간 내내 집중하기가 힘들다는 점이다. 하루 24시간 지속적으로 목표에 집중해도 꿈이 이뤄질까 말까 하는데, 집중하지도 못하면서 좋은 결과를 바라기만 해서는 과한 욕심이라고밖에 표현할 수 없다.

직장을 다니거나, 개인 사업을 하는 사람이 현재의 일에 몰두하면서 꿈꾸는 일을 잊지 않을 수 있을까? 현실적으로 생각했을 때 거의 불가능하다. 꿈이나 목표를 잊지 않고 항상 간직해야 그것들과 관련된 내용이 내 인생을 스쳐 지나갈 때 기회를 붙잡을 수 있다. 그냥 바쁘게만 살아서는 내 옆을 지나가는 행운을 알아보지 못하고 그냥 놓치고 만다. 행운은 준비된 자에게 온다고 하지 않는가. 그렇다고 하면 우리는 꿈과 목표를 잊지 않기 위해 무의식에까지 집어넣고 있어야 한다. 즉 좋은 기회를 받아들일 준비가 항상 되어 있어야 한다. 이 꿈을 무의식에 넣어놓는 방법이 지금까지 설명한 실천 독서이다.

2016년 초에 인생의 목표와 궁극적으로 이루고 싶은 꿈들을 처음 작성해봤다. 그리고 나서 꿈꾸는 삶을 살기 위해 20년 뒤에 달성할 목표들을 적었다. 그다음으로는 20년 뒤의 목표들을 달성하기 위해 10년 뒤에 도달해야 할 목표들을 적었다. 이렇게 시간을 거슬러 올라오면서 5년 뒤, 3년 뒤, 그리고 2016년 목표 달성 계획표까지 작성했다. 2016년 목표를 세웠으니, 한 달 단위의 실천 내용과 매일매일의 실천 내용도 쉽게 뽑아낼 수 있었다. 예를 들어 올해 책 읽기 100권이 목표라고 하면, 한 달에 대략 여덟아홉 권을 읽어야 한다. 일주일에 두 권 이상, 하루에 평균 100쪽은 읽어야 달성 가능하다. 이런 식으로 장기적인 목표 하나하나에 오늘의 생활까지를 연결시켰다.

나는 목표 달성률을 100점이 아닌 80점으로 정했다. 그 덕분인지 모르겠지만, 2016년에 계획한 11가지 목표 중 8가지를 달성했다. 정확히 80점은 아니지만, 80점에 가까운 점수이다. 이런 방식으로 연말이 되면 지난 1년을 점검하면서 20년, 10년, 5년, 3년, 내년 계획을 수정, 추가했다.

불필요하다고 판단한 것은 빼기도 했다. 2016년 목표 중 '제빵 자격증 취득'이 있었다. 계획을 세울 당시에는 빵을 좋아하고, 또 여유가 있을 때 가족들에게 빵을 만들어주면 좋겠다 싶었다. 하지만 연말에 2017년 계획을 수정, 보완할 때 보니 나의 꿈과 연관이 없어 보여 빼버렸다. 대신 '쉰 전에 책 출간하기'를 추가했다.

2017년도 인생 계획서를 작성할 때는 전체적인 구성에서 한 가지가 추가됐다. '나만의 인생 철학'이란 항목을 삽입했다. 내가 꿈꾸는 삶이 진짜로 하고 싶은 일을 하면서 사회적 약자를 돕는 것이었기에, 다음과 같은 나만의 인생 철학을 수립했다.

'경제적 자유를 통해 가족과 세상을 위한 삶을 살자.'

단지 나와 가족만이 아닌 사회를 위한 삶을 살자는 나만의 인생 철학이 확립되니 도달해야 할 목표가 선명해졌을 뿐만 아니라, 목표를 따르는 삶에 보람도 느낄 수 있었다.

2018년도 인생 계획을 수립할 때는 꿈을 이루기 위한 실행 방침을 추가했다.

계획을 세우면 무조건 일단 실행해보고, 이를 습관화하면서 나에 맞게 최적화시킨다는 의미이다. 꿈에 도달하기 위한 기본 철학에 실행 방침까지 세우고 나니 무엇에도 흔들리지 않을 나름의 인생 계획이 완성됐다.

가끔 내가 어떤 일을 시작하기 전에 망설여질 때면 인생 계획의 실행 방침들을 떠올린다. 그러면 일단 빨리 계획을 세우고 해보자고, 망설이는 나를 다독이고 즉시 실천하게 된다. 실행 방침이 목표까지 이르게 하는 스위치 같은 역할을 하는 것이다.

회사를 보면 경영 철학과 중장기 목표, 단기 목표, 실행 방침 등이 있다. 보통 연말, 연초가 되면 배포되어 직원들끼리 공유한다. 만약 회사를 운영하는 데 있어서 이러한 내용들이 없다면, 당장 직원들은 무엇을 목표로 해야 할지 모를 것이다.

개개인도 이와 다르지 않다. 자신의 인생 철학과 계획, 실행 방침이 없다는 것은, 그냥 이끌리는 대로 살아가겠다는 말과 별반 차이가 없다.

목표, 방향, 방침까지 설정된 나의 인생 계획은 내가 생각한 미래로 나를 이끌어줬다. 자산 부분은 매년 나의 목표를 초과 달성해왔다. 2017년에 목표로 했던 오 년 내 달성 목표를 이 년 만에 이루었다. 사회봉사를 위한 기부액 목표도 삼 년을 앞당겨 달성했다. 그 외에도 건강, 독서 목표 등도 항상 초과 달성하고 있다. 무엇보다 '쉰에 책 한 권 출간'이란 목표는 칠 년이나 앞당겨 달성하여, 이렇게 여러분과 이야기를 하고 있다.

반드시 인생의 목표를 세우라. 그리고 이를 무의식에까지 남겨질 수 있도록 습관화하라. 그러면 자연스럽게 여러분의 마음속에 꿈에 대한 간절함이 남을 것이다. 이것은 무의식적으로 목표에 맞게 행동하는 원동력이 된다. 내가 가고자 하는 길을 간절히, 선명하게 알고 있다면, 그 기회나 행운이 옆을 지나갈 때마다 놓치지 않고 그것에 올라탈 수 있다. 그러면 여러분이 바라며 꿈꾸는 미래가 점점 앞당겨질 것이라 확신한다. 이러한 밑바탕에는 실천 독서가 있음을 잊지 말기를 바란다.

다른 사람의 인생에서 배움을 얻는 법

오륙 년 전에 신규 프로젝트와 관련해 장기간 유럽 출장을 갈 기회가 있었다. 특히 제조업 선진국이라고 하는 독일과 스위스의 소재 업체를 방문할 좋은 기회를 얻었다. 약 이 주간 하루에 한 업체꼴로 실무 협업을 위한 미팅과 현장 실사를 진행했다. 역시 제조업 강국인 유럽, 특히 독일의 기술과 프로세스는 우리가 아직은 많이 부족하다는 인식을 심어줬다.

그러나 무엇보다 인상 깊었던 부분은 그들의 기술이나 프로세스, 현장에서 이루어지는 정밀한 제작 과정이 아닌, 처음 만난 자리에서의 자사 소개였다. 모든 회사들이 잘 짜인 각본처럼, 회사 소개서의 장표에서 그 기업의 경영 철학부터 소개했다.

방문한 모든 기업들이 일관되게 첫 페이지, 첫 문구에서 기업 경영 철학을 소개한 다음 그 철학을 지키기 위해 과거부터 무엇을 해왔고, 지금은 어떤 활동을 하고 있는지를 보여줬다. 보통 우리 기준에서 업체 평가의 기본 잣대가 되는 매출이나 영업이익, 주요 거래선 등의 기업 실적은 그 뒤에 소개됐다.

국내 업체를 방문했을 때 받은 느낌과 너무나 달랐다. 보통 국내 기업들을 방문하면, 기업 규모, 매출이나 외형적으로 어떻게 성장했는지부터 설명한다. 물론 우리나라는 세계 어디를 찾아봐도 그 유례가 없을 정도로 단기간에 외연적 성장을 이루었다. 짧은 기간 서로를 채찍질하며 앞만 보고 달려왔기에 경영 철학을 논할 만큼의 여유가 없었을 것이다. 하지만 회사 규모가 커지고, 조직이 어느 정도 형성되면 경영에 대한 방향이나 기업 운영자의 사업관이 반드시 필요하다.

철학이라는 단어의 사전적 정의는 '자신의 경험에서 얻은 인생관, 세계관, 신조 따위를 이르는 말'이다. 즉 유럽 업체들은 제품을 만들면서 얻은 경험에 기업 영속을 위한 가치관을 심어 넣고 있는 것이었다. 이것이 우리가 흔히들 이야기하는 유럽 기초산업을 이루는 장인 정신의 출발점이지 않을까 하는 생각이 들었다. 그래서 철학을 갖고 만든 유럽 제품이 명품이 되고, 그 명맥을 지금도 유지하는 것이 아닐까?

과거에도 그랬지만, 지금도 많은 사람이 명품에 열광한다. 하지만 껍데기만 명품으로 두른다고 그 사람이 명품이 되는 것은 아니라는 이야기를 많이 듣는다. 그 사람의 인생관이 참다울 때에야 비로소 그 사람을 명품이라고 말할 수 있다.

세상은 우리에게 철학이란 무엇인지 가르쳐주지 않는다. 열심히 공부하고, 열심히 일해라가 전부이다. 열심히 공부해야 하고, 일해야 하는 '이유'를 고민할 틈을 주지 않는다.

나 역시 30대 중반까지 열심히 공부하고, 열심히 일하는 것을 전부로 알았다. 그게 인생의 정답이라고 알고 살아왔다. 열심히 공부하지 않거나, 열심히 일하지 않는 사람들을 보면 나중에 어찌 되려고 저러나 하는 생각도 했다.

살면서 많은 것을 배우는 것 같지만, 사실 세상이 돌아가는 원리에 대해서는 0.1퍼센트도 제대로 배우지 못하고 있다. 우리가 학교에서, 직장에서 배우는 것은 과거에 옳다고 설계해놓은 방식들뿐이다.

우리는 스스로 돈을 버는 기술이 아니라 회사의 충실한 기계가 되는 법을 배운다. 회사는 시키는 대로 충실하게 따르는 직원에게 더 많은 보상을 주는 것으로 우리가 다른 세상을 바라볼 기회를 빼앗는다.

당신은 어제도, 오늘도, 내일도 거의 같은 사람들을 만날 것이다. 다르게 말하자면 '어제와 비슷한 삶을 살며, 내일도 비슷한 삶을 살 것이다'. 사람들 대부분은 발전하고 싶다고 이야기하지만 항상 같은 자리에서 맴돌 뿐이다. 진정 발전하고 싶다면, 나와 다른 세상의 사람들을 만나봐야 한다. 그것이 우물 안 개구리를 벗어나는 가장 빠른 방법이다.

각양각색의 새로운 사람들을 만날 수 있는 가장 손쉬운 방법이 바로 독서이다. 책을 쓰는 것은 자신의 가치관에 대해 사람들과 이야기를 나누고 싶기 때문이다. 즉 저자의 인생 철학을 책이라는 도구를 통해 나누는 것이다. 책 한 권을 읽으면 자연스럽게 새로운 사람 한 명을 만나게 된다. 그것도 그 분야에서 성공한 사람을 말이다. 뒤에서 일 년에 책 100권 읽는 방법을 소개할 텐데, 만약 일 년에 100권을 읽으면 성공한 사람 100명을 만난 것과 같은 효과를 얻을 수 있다. 잠시 상상해보라. 일상생활을 그대로 유지하면서도 성공한 사람 100명을 만나 다양한 조언을 받는다면 어떨까? 어떻게든 삶에 변화를 불러오지 않을까?

어떤 새로운 것을 만들 때, 항상 기존에 있던 것에 대한 모방에서부터 시작된다고 한다. 인생에서 성공하고 싶다면 성공한 사람의 방식을 따라 해보는 것에서부터 시작하라. 그리고 점차 자신에게 맞는 방식으로 변화시킨다. 여기서 더욱 변화와 발전을 느끼고 싶다면, 자신만의 인생 철학도 세워봐야 한다.

다만 하루아침에 되는 것은 아니다. 이미 성공한 사람들과의 접점을 통해 배우고 거기서 배운 성공 방식을 실행하면서, 점점 자신의 인생 철학을 구축하는 과정이 필요하다.

인생 철학에 대해 고민해보지 않았다면 책의 도움을 받으라. 재테크서를 읽으면서 투자 철학을 구축하고, 직장 생활에 도움이 되는 책을 읽으면서 직장 생활의 철학을 구축한다. 여러분 자신만의 철학을 구축하는 순간부터 세상이 다르게 보일 거라 확신한다.

책에서 찾은 돈 버는 방법

꿈을 이루는 바탕이 되는 경제적 자유

2018년 《부자 아빠 가난한 아빠》 20주년 특별판이 출간됐다. 출간 20년이 지난 지금도 특별판이 제작될 정도로 꾸준히 팔린다는 것은 많은 사람이 책 내용에 공감한다는 뜻이다.

내가 인생에서 이루고 싶은 꿈 목록을 정리했을 때, 그 꿈들의 80퍼센트 정도는 경제적 자유가 뒷받침돼야 가능했다. 《부의 추월차선》을 읽고 주변 사람들에게 다른 세상이 있다며 이 책을 추천하던 중에 지인이 새로운 세상과 경제적 자유로 가는 길을 제일 처음 제시한 책은 《부자 아빠 가난한 아빠》라고 말했다.

이 책 역시 《부의 추월차선》과 마찬가지로, 읽는 내내 나를 흥분

시켰다. 《부자 아빠 가난한 아빠》를 시작으로 로버트 기요사키의 번역서 대부분을 읽었다. 《부의 추월차선》이 내게 인생의 전환점을 마련해줬다면, 《부자 아빠 가난한 아빠》는 내가 가야 하는 인생에 대한 큰 그림을 그려줬다.

《부자 아빠 가난한 아빠》는 경제적 자유로 가는 방법의 큰 틀을 짚어주고 있다. 아직 읽어보지 않은 사람들은 반드시 읽어보길 추천한다.

책 내용을 요약해보면 다음과 같다.

경제활동을 하는 사람들은 다음 사분면 중 어느 한 곳에 속한다. E Employee는 봉급생활자, S Self-employed는 자영업자 또는 전문직 종사자, B Business는 직원이 500명 이상인 사업가, I Investor는 투자가이다.

나를 포함한 대부분 사람들은 E나 S에 해당한다. 자신의 노동으로 수입을 얻는 그룹으로, 경제적 자유와 거리가 있다. 간혹 S에 속한 사람이 자신은 사업을 하거나 높은 소득을 유지하기 때문에 경제적으로 여유가 있다고 말하기도 한다. 하지만 본인이 그 자리를 며칠만 비워도 당장 수입에 문제가 생기기 때문에 봉급생활자와 큰 차이가 없다. 즉 수입원과 관계된 시스템이 내가 오랜 시간 자리를 비워도 괜찮다면 B라고 할 수 있지만, 자영업이나 소규모

사업을 운영하는 사람 대부분은 그러하지 못하다. 그래서 S도 자신의 노동으로 수입을 얻는 그룹에 속한다고 말한다.

B와 I 그룹은 시스템 또는 자본으로 돈을 번다. 이들은 자기 위치를 몇 달간 벗어나 있어도 수입에 문제가 없다.

결국 시스템과 자본을 이용해 돈을 벌어야(내가 일을 안 해도 수입이 들어오는 시스템 구축) 진정한 경제적 자유를 얻을 수 있다. E와 S에 속한 90퍼센트 이상의 사람들은 돈이 돈을 버는 시스템을 구축해야 한다. 즉 자신의 노동력이 아닌 알아서 굴러가는 시스템 구축이 중요하다.

《부자 아빠 가난한 아빠》를 쓴 로버트 기요사키는 우리 같은 사람들이 시스템을 구축할 수 있는 방법으로 세 가지를 제시한다.

1. 돈과 능력이 있으면, 직접 시스템을 구축하라.
2. 돈은 있으나 능력이 없으면, 시스템을 사 오라.
3. 돈과 능력이 없으면, 네트워크 마케팅을 하라.

나는 로버트 기요사키가 제시한 세 가지 방법을 어떻게 적용할 수 있을지 고민해봤다.

첫 번째 방법인 '돈과 능력이 있으면, 직접 시스템을 구축하라'는 사업과 투자를 통한 시스템 구축을 의미한다. 앞에서도 이야기했지만, 사업은 현재의 내 상황에서 쉽지 않은 선택이다. 그렇다고 하면 돈이 돈을 버는 시스템을 구축해야 한다. 현실적으로 투자밖에 별다른 대안이 없다. 개인이 생각할 수 있는 투자 수단은 결국 부동산, 주식, 간접투자 상품밖에 없다는 결론을 내렸다.

두 번째 방법인 '돈은 있으나 능력이 없으면, 시스템을 사 오라'는 프랜차이즈이다. 프랜차이즈는 시스템으로 돌아가기 때문에 사업 운영 개입을 최소화할 수 있다. 하지만 나는 당장 사업을 할 수 없는 것과 마찬가지로 프랜차이즈를 할 수 없었다. 나중에 자금이 생기면 할 수 있도록 미리 준비하자는 생각으로 공부해보기로 했다.

세 번째 방법인 '돈과 능력이 없으면, 네트워크 마케팅을 하라'는 말 그대로이다. 많은 사람이 네트워크 마케팅이라고 하면 다단계라고 해서 좋지 않게 생각한다. 나 역시 다르지 않았다. 하지만 성공한 저자가 추천했을 때는 분명 이유가 있을 것이니 더 자세히 알아보자고 결심했다. 직접 가입해보고, 그동안 내가 네트워크 마케팅을 잘못 생각하고 있었는지, 여기서 또 다른 기회를 찾을 수 있는지 직접 알아보기로 했다.

나는 책에서 제시한 내용에 대해 이렇게 1차 결론을 내렸다.

1. 시스템은 부동산과 주식으로 구축한다.
2. 프랜차이즈를 미리 공부해둬서 나중에 갑자기 실직하더라도 바로 시스템을 구축할 수 있도록 준비한다.
3. 네트워크 마케팅이 왜 좋은지 직접 가입해서 알아보자.

첫 번째 결론인 부동산과 주식에 대해 어떻게 공부하고, 또 실행에 옮겼는지는 다음 장에서 자세히 이야기하도록 하겠다.

나는 두 번째 결론에 따라 우선 프랜차이즈나 개인 장사와 관련된 책을 10여 권 읽어봤다. 프랜차이즈를 어떻게 시작하고, 무엇을 지원받으며, 가맹 사업주는 어떻게 해야 하는지 대략 이해할 수 있었다. 그 뒤로도 기회가 될 때마다 프랜차이즈 박람회를 참관했다.

세 번째 결론의 경우에는, 네트워크 마케팅에 가입한 선배에게 궁금한 점이 있다고 연락했다.

프랜차이즈부터 이야기해보자. 〈백종원의 골목식당〉이라는 TV 프로그램을 보면 많은 자영업자들이 실수하는 내용이 나온다. 원가에서 재료비, 인건비, 임대료가 차지하는 비율과 테이블당 적정 회전 수 등을 전혀 고려하지 않고, 단순히 음식 솜씨가 좋다는 주변 사람들 이야기만 듣고 장사를 시작한다는 점이다.

나름 열심히 장사하는데 항상 적자가 난다. 그 이유는 대부분 사람들이 사업적 내용에 대한 고민과 공부 없이 장사를 시작했기 때문이다.

당장 장사를 할 예정이든 아니든, 지금 사업에 관심이 있든 없든, 박람회에 가서 직접 상담도 하고 교육도 받아보길 추천한다.

당장은 시스템을 만들 수 없다고 하더라도 시스템이 어떻게 구축되고, 매출이 얼마나 나와야 유지되는지 배울 수 있는 좋은 기회를 제공하기 때문이다. 또 시장에서 유행하는 것, 즉 트렌드를 알수 있다. 사업을 한다는 전제로 상담을 받기 때문에 경영자의 눈높이로 접근하는 법도 배울 수 있다. 직장에서는 임원들의 눈높이를 이해하는 데 도움이 되고, 그들이 지시하는 내용을 받아들이기수월해진다. 갑작스러운 은퇴에 대비해 무기를 미리 만들어놓는다는 심정으로 가끔씩 박람회에 가보길 추천한다.

다음으로 네트워크 마케팅 경험담을 말해보겠다. 《부자 아빠 가난한 아빠》를 읽기 전까지는 네트워크 마케팅이라고 하면 흔히들 말하는 다단계로 생각하고, 무조건 하면 안 된다고 생각했다. 그런데 저자가 추천할 때는 분명 이유가 있으리라 생각하고 어떤 건지 알아봐야겠다는 마음이 들었다.

그래서 선배에게 연락해 다짜고짜 네트워크 마케팅 교육을 참관하고 싶다고, 바로 가능하냐고 물어봤다. 선배는 먼저 교육을 받고 싶다고 연락해온 사람은 처음이라며 신기해했다. 그러면서 8주 교육 과정이 있는데, 일요일마다 진행한다고 했다. 그래서 매주 일요일 세 시간씩 8주간 한 번도 빠지지 않고 교육을 들었다.

교육 과정을 마치고 나서, 나는 로버트 기요사키가 네트워크 마케팅을 추천한 이유가 다음과 같다는 결론을 내렸다.

1. 자본 없이 사업할 수 있다.

2. 회사 조직에서와 다르게, 나와 엮여 있는 사람이 잘돼야 나도 잘

   된다.

3. 잘될 수 있다는 희망을 잃지 않도록 서로 끊임없이 힘을 북돋아

   준다.

네트워크 마케팅에 대한 인식은 제각각이지만, 어쨌든 꿈을 향해 가는 길에서 힘을 잃지 않도록 끊임없이 서로를 북돋아주고 도와주는 것은 이 시스템의 큰 장점이다.

누가 자산을 형성하는 과정에서 무엇부터 공부해야 하냐고 물어보면, 나는 단연코 《부자 아빠 가난한 아빠》부터 읽어보라고 말한다. 그러면 이미 이 책을 읽어본 사람이든, 내 추천을 듣고 뒤늦게 읽어본 사람이든 한결같이 이렇게 말한다. "좋은 내용인 것은 알겠는데, 구체적으로 뭘 하라는 건 없던데요?" 나는 프랜차이즈 박람회에도 가보고, 네트워킹 마케팅이 어떤 것인지 교육도 들어

보라고 권한다. 그러면 "당장 뭘 할 것도 아닌데 박람회를 갈 필요가 있느냐", "네트워크 마케팅은 사기이지 않느냐"는 대답이 돌아온다. 결국 책에서 추천했다고 그대로 따라 한 내가 특별하다는 말로 대화가 끝난다.

사람들은 항상 꿈을 꾸면서, 그 꿈을 이루기 위한 실천은 시도조차 해보지 않는다. 여러분도 직접 몸을 움직이지 않고 시스템을 구축해 수입을 얻고 싶다면 우선은 로버트 기요사키가 제시한 핵심 내용을 실천해보길 바란다. 실천하고 나면, 자신이 가야 할 길이 좀 더 구체적으로 보일 것이다.

나는 자신 있게 말할 수 있다. 돈을 벌고 싶다면 《부자 아빠 가난한 아빠》를 읽어보고 그대로 한번 따라 해보라.

부동산, 책으로 먼저 배우다

책에서 읽은 내용을 토대로 부동산 투자하는 법을 설명하기에 앞서서 한 가지 전제를 말해두고자 한다. 내가 본격적으로 공부하면서 투자를 시작한 시점은 2016년이다.

다들 수도권 대세 상승의 초입이 2015년이라고 한다. 그렇다. 나는 거의 대세 상승의 초입 때 투자에 진입했다. '운칠기삼'이라고 하지 않던가. 부동산으로 증식한 자산의 7할은 내 능력이라기보다 운에 가깝다.

그럼 운이 없으면 돈을 벌 수 없을까? 그렇지는 않다. 7할의 운을 활용하려면 3할에 해당하는 노력이 필요하다. 대세 상승의 운을 전부 맞이하고 싶은가? 그렇다면 내가 어떻게 3할의 노력을 했는지 보고, 지금부터 준비해보길 바란다.

《부자아빠 가난한 아빠》에서 능력과 돈이 있으면 시스템을 구축하라고 했다. 내가 떠올린 첫 번째 시스템은 바로 부동산이다. 저자 로버트 기요사키가 부동산으로 성공했다고 하지 않았는가. 그렇다면 나도 같은 분야를 시작해봐야겠다고 생각했다. 또 사업을 제외하면, 일반인이 시스템을 구축할 만한 대상이 부동산 투자 말고는 쉽게 떠오르지 않았다.

2016년 한 해 동안 부동산 투자서를 50권 정도 읽었다. 처음 부동산 투자서를 읽기 시작했을 때는 큰 흐름은 이해가 갔지만, 좀 더 깊게 파고들면 용어부터 시작해서 전혀 이해가 가지 않는 부분이 꽤 많았다. 의학 드라마를 보면 드라마의 전체적인 흐름, 사람들 사이의 관계나 경쟁 구도, 사랑 문제 같은 부분은 이해해도, 수술이나 회의 내용은 이해가 가지 않는 것처럼 말이다.

한 번 읽어서 이해가 가지 않으니, 한 번 더 읽어봤다. 좀 더 이해가 쉬워졌다. 이렇게 두 번씩 책을 읽었다. 그러던 중에 자기계발서에서 필사의 효과에 대한 내용을 읽었다. 괜찮겠다 싶어서 따라 하기로 했다. 책을 두 번씩 읽으면서, 중요하다고 여겨지는 내용은 밑줄을 긋고 필사도 했다. 이렇게까지 하고 나니 확실히 이해가 더 잘되고, 뒷부분으로 갈수록 머릿속에서 내용 연결이 점점 매끄러워졌다.

일 년간 50권을 두 번씩 통독했으니, 읽은 횟수로 치면 100권이 된다. 책을 읽는 중에 투자도 두 건 감행했다. 다음 장에서 투자 사례를 밝히겠지만 한 건은 결과가 좋았고, 한 건은 심각한 결과를 초래할 뻔했다. 하지만 배우기만 하고 실행하지 않으면 아무 소용도 없다는 것은 어느 분야에서나 통용되는 말이라고 생각한다. '안철수식 독서법'에서도 언급했지만, 나는 독서를 하면서 실천도 병행하겠다고 결심했고, 이를 행동으로 옮긴 것이니 후회는 없다.

당시에 부동산 투자서를 거의 매일 100쪽 이상씩 읽었다. 이때 '임장'이라는 말을 처음 접했다. 임장이란 어느 지역에 있는 부동산을 조사하러 가는 활동을 말한다.

《나는 부동산과 맞벌이한다》를 보면, 임장 시 체크리스트와 임장 보고서 양식이 있다. 그 양식을 엑셀 파일로 만들어보기로 했다. 이렇게 직접 만들어보면 타이핑하면서 기억에도 남고, 비록 다른 사람의 양식을 모방하기는 했지만 나만의 양식을 위한 초안을 만든 듯해 뿌듯하기도 하다. 다른 사람이 이미 여러 번 시행착오를 거쳐 만들어놓은 결과물을 가져다가 자신에게 맞게 고쳐나가는 것이 그 분야에 대한 지식을 빠르게 습득하고, 자기만의 방식을 찾는 최고의 방법이라고 생각한다.

양식을 갖췄으니 당장 임장 실습을 해봐야 하지 않겠는가. 우선 내가 사는 아파트 단지부터 시작했다. 내가 이사 올 때 이용한 중개소에 가서 체크리스트에 있는 내용을 책에서 배운 대로 이것저것 물어봤다. 그러고 나서 집에 와 임장 리포트를 작성했다.

초보 시절 작성한 체크리스트와 임장 리포트를 보면 웃음밖에 나오지 않는다. 인터넷에서 찾아봐도 쉽게 알 수 있는 내용을 굳이 직접 찾아가서 물어보고 확인한 정보라며 리포트를 만들었으니 말이다. 내용도 정말 엉성하기 짝이 없다.

그리고 책에 나와 있는 부동산 정보는 이미 시중에 공개된 것이다. 게다가 그 지역을 전부 다룬 것도 아니고 극히 일부분만 다룬다. 이런 정보만 들고 상담을 받았으니, 중개소 사장님도 내색은 하지 않았어도 속으로는 웃겼을 것이다. 하지만 누구에게나 초보자 시절이 있지 않은가. 이런 과정을 일 년간 거쳤기에 과감하게 투자해 높은 수익률을 맛볼 수 있었다.

《나는 부동산과 맞벌이한다》를 읽고 체크리스트와 임장 리스트를 만든 나는 부동산 투자서를 계속 읽어나가는 한편 책에서 괜찮다고 추천하는 지역이 있으면, 루트를 짜서 주말에 꼭 가봤다. 예를 들어 이번 주에 세 권을 읽었는데, 책에서 능곡 재개발 지역,

수색·증산뉴타운, 북아현 재개발 지역을 추천했다고 하자. 그러면 아침 6시쯤에 집을 나서 '능곡 → 수색·증산뉴타운 → 북아현 뉴타운'을 돌아봤다.

이때 나만의 원칙을 세웠는데, 바로 그 지역으로 조사를 가면 무조건 중개소 세 곳에서 상담을 받아보기로 한 것이다. 책에서는 최대한 많은 중개소를 가보라고 했지만, 책을 읽을수록 가봐야 할 추천 지역이 점점 쌓여 주말에 모두 가볼 수 없었다. 또 한 지역에 너무 많은 시간을 투자할 수도 없었다. 그렇다고 중개소를 한두 군데만 가는 것은 뭔가 부족한 듯해 세 곳은 가봐야겠다고 결정을 내렸다.

갔다 와서는 조사한 내용을 반드시 기록으로 남겼고, 사진도 같이 저장했다. 일 년 정도 주말을 이용해 임장 경험을 하고, 리포트를 작성하니 나름의 틀이 잡히기 시작했다.

이렇게 임장을 다니는 것 말고도 강의를 들은 적이 있다. 2016년 가을에 경제 방송의 부동산 상담 코너를 보고 있었는데, 방송 말미에 전문가가 무료 강의를 한다는 안내가 나왔다. 무료라 하니 뭔가 찜찜했지만 결국 전화로 신청하고 가서 들어봤다. 역시나 무료인 이유가 있었다. 교육을 한 시간 정도 하고 나서 상담이라는 명목으로 자신이 소개하는 물건을 팔려고 했다. 그래도 아무

것도 모르는 초보 시절이었던 만큼 도움이 된 부분도 있었다. 부동산을 바라보는 시야 자체가 워낙 좁았던 터라 시장의 흐름이라든지, 추천 지역에 대한 설명을 들으니 방송에서 듣던 느낌과는 사뭇 달랐다. 당장이라도 현장에 나가 부동산을 보고 실천해야 할 것 같았다.

일 년 정도 '독서 → 임장 → 리포트 작성 → 독서……'의 패턴으로 부동산 공부를 했다. 그러다 2017년에 부동산 전문 강의가 있다는 사실을 알았다. 한 달에 한 회 이상 무조건 청강했다. 이때부터 독서로 갈고닦은 실력이 나온 듯하다.

유료 강의를 들어보면 전문 강사들이 다양한 지역을 추천해준다. 그런데 우리는 가진 돈, 즉 투자금에 한계가 있다. 매번 강의를 들을 때마다 좋다고 추천해주는 지역 모두에 투자할 수는 없는 노릇이다. 나만의 투자 순위를 정할 줄 알아야 한다. 즉 전문가가 추천하는 내용을 필터링하는 능력을 키워야 한다. 강의뿐이 아니다. 인터넷으로 찾아보더라도 추천 지역도 다양하고 관련 정보도 정말 많다. 이것을 걸러낼 줄 아는 것이 가장 기본적인 능력이다.

또 굳이 전문가가 될 필요도 없다. 우리는 본업이 따로 있다. 직장에 다니거나 개인 사업을 하면서 전문가의 자리까지 가는 데는 분명 한계가 있다. 그 대신에 나는 전문가의 이야기를 잘 듣고, 최

3장 책에서 찾은 돈 버는 방법

선의 선택을 하는 것을 목표로 삼기로 했다. 거인의 어깨에 올라 타는 쪽을 택한 것이다.

2016년에는 초보자의 수준에서 제대로 모르면서 어설프게 투자했다고 한다면, 2017년은 진정한 투자의 시작이었다.

보통 부동산 투자에는 최소 수천 만 원이 필요하다. 물론 경매, 빌라, 오피스텔 등 때에 따라서는 그 이하도 불가능하지는 않지만, 직장 생활을 하면서 일 년에 얼마나 모을 수 있을까? 나는 대기업에 다니지만 일 년 동안 2,000만 원도 모으기 힘들다. 이렇게 어렵사리 모은 돈을 부동산에 투자한다고 했을 때, 두려운 것은 너무나도 당연하다. 이 두려움을 완전히 없앨 수는 없다. 다만 두려움을 최소화하고, 확신을 얻기 위해 우리는 공부를 해야 한다. 나는 여러 공부 방법 중 하나로 책을 택했다. 책에서 좋다고 하는 추천 지역을 다니며 경험을 쌓고, 항상 기록을 남겼다.

아무 생각 없이 남의 이야기만 듣고 부동산에 투자하는 것도 문제이지만, 무섭다고 아무것도 하지 못하는 것은 더욱 문제이다. 책에서 말하는 대로 실천하지 못하겠다면, 최소한 계속 책이라도 읽으라. 그렇게 쌓은 지식은 나중에 큰 무기와 결실로 돌아올 것이다. 참고로 나는 아직도 매년 최소 30권 이상 그해 출간되는 부동산 관련 책을 읽고 있다. (다만 지금은 두 번씩 읽지는 않는다.)

부동산 지식으로 사람까지 얻다

본격적으로 부동산에 투자하기 전, 내 투자 전략의 토대를 마련해준 책은 김원철 저자의 《부동산 투자의 정석》이다. 2007년에 출간된 책으로 지금은 절판됐지만, '전세레버리지'라는 개념을 소개했다. 전세레버리지란 전세 재계약 시점에 이전 계약금 대비 상승한 재계약금을 부동산에 재투자해 계속 자산을 증식시켜간다는 개념이다. 당시 다양한 책을 읽어봤지만, 이처럼 큰 전략을 마련해준 책은 없었다. 부동산으로 자산을 증식하겠다는 목표는 있었지만 어떻게 해야 할지 구체적인 방법을 찾지 못해 난감하던 시기에 이 책은 내가 밑그림을 그리는 데 큰 도움을 줬다. 참고로

3장 책에서 찾은 돈 버는 방법

2016년 말에《부동산 투자의 정석》이라는 같은 제목으로 김원철 저자의 책이 출간됐다. 제목은 같지만, 내용은 업그레이드됐다. 이 책 역시 적극 추천한다. 출간된 지 꽤 시간이 지났지만, 어느 시점이나 어느 시장에서나 통용되는 기본적인 원리를 담고 있다.

시간의 흐름에 따라 나의 투자 사례를 소개해볼까 한다. 2012년에 근무지가 경기도 남부권에서 판교로 바뀌었다. 2014년에 분당에 집을 매입해 이사를 왔다. 그리고 2016년에 본격적으로 부동산 투자서들을 읽기 시작했다.

이 투자서들에서 공통적으로 강조한 내용 중 하나가 앞으로는 소형 아파트가 계속 강세일 것이란 전망이었다. 그런데 이사를 와서 보니, 판교와 분당은 중대형 평형 위주로 구성돼 있었다. 상대적으로 소형 평형의 세대수가 적었다.

또 판교에서 근무하면서 느낀 것이 젊은 직장인이 많다는 점이었다. 젊은 인력이 많은 IT 회사들이 주로 입주해 있으니 당연했다.

소형 아파트의 수는 적고, 아직 자산도 형성되지 않은 젊은 수요층은 많다. 기본적인 수요와 공급의 원리로 볼 때 리스크가 없다고 판단해 적당한 아파트를 매입했다. 2016년 당시 매매가는 2억 2,000만 원인데, 전세 보증금이 1억 3,000만 원 있었으니 대략

9,000만 원을 투자한 셈이다.

당시 소형치고는 투자금이 적지 않았지만, 두 가지를 염두에 뒀다. 매매가와 전세가의 갭이 커서 시세보다 1,000만 원 정도 싸게 매입할 수 있었고, 전세 만기가 일 년이 안 남았기 때문에 재계약 시점에 충분히 회수 가능할 것 같았다. 2020년 초 현재 호가가 4억 원, 전세 보증금은 1억 8,000만 원 받았다. 삼 년 만에 투자금은 5,000만 원 회수했고, 자산은 1억 8,000만 원이 증가했다.

같은 2016년에 평택 분양권에 투자했다. 예전에 평택에서 몇 년 산 경험을 토대로 봤을 때 삼성전자 공장 신축, 미군 기지 이전 등의 호재가 있어 새 아파트라면 괜찮을 것이라 판단했기 때문이다. 그 당시 평택의 사정을 아는 사람은 잘못된 투자였다는 것을 바로 알 것이다. 다행히 호재의 파급력 대비 물량이 과다하는 점과 서울 영향성이 중요하다는 것을 부동산 투자서를 읽으며 깨달았다. 2017년 초에 프리미엄 200만 원을 받고 매도했다.

지금도 평택 분양권을 생각하면 식은땀이 흐른다. 내가 매도한 이후로도 한동안 거래가 잘되지 않았지만, 무엇보다 입주 시점에는 마이너스 프리미엄 2,000~3,000만 원은 기본이고 물량이 과다해 전세가가 낮았다. 자금이 추가로 1억 원 이상은 필요했을 것이다. 이러한 투자를 통해 수요와 공급이라는 기본적인 투자 원칙을 절실히 깨달았다.

2016년 말부터 2017년 사이에 정부 규제로 시장이 잠시 조정을 받는 상황이었다. 일 년 정도 공부한 지식으로 접근했을 때 시장 수요는 아직 탄탄하며, 오히려 부동산에 대한 사람들의 관심이 전보다 커졌기 때문에 금방 회복 가능하다고 판단했다. 이때 서울에서 눈여겨본 곳이 성북구 장위동이었다. 지금은 상상도 할 수 없는 금액인 8,000만 원으로 계약금 10퍼센트와 프리미엄을 포함해 분양권을 매입했다.

매입 당시 장위동을 아는 주변 사람들은 한사코 말렸다. 주거 환경도 좋지 않고, 교통도 불편한데 누가 거기를 가겠냐고 했다. 과연 장위동 집값이 오르겠냐는 소리였다.

하지만 나는 문제없을 것이라고 생각했다. 근처에 있는 10년 차 아파트의 전세가가 3억 5,000만 원 수준으로 형성돼 있었다. 그렇다면 새 아파트의 잔금은 전세 보증금으로 충당할 수 있다고 생각했다. 또 서울 시장의 수요를 이해하기 시작해 자신이 있었다.

그리고 지금도 마찬가지이지만, 나는 환경이 정말 볼품없고 열악한 입지를 좋아한다. 기반 시설은 갖춰져 있는데 주거 시설만 낡았다는 것은 거꾸로 이야기하면, 주거 시설만 좋아지면 나머지 요소들이 시너지를 줄 수 있다는 의미이기 때문이다.

동북선 경전철의 경우, 이야기가 나왔지만 호재로 반영되지는 않은 상태였다. 인근 중개소를 다녀보면, 다들 '들어오면 조금은 좋아지겠죠' 수준의 반응을 보였다. 그럼 나중에 진짜로 진행됐을 때는 덤으로 받아들이면 되겠다고 생각했다. 이렇게 해서 매입한 곳이 매매가 4억 원 초반이었다. 2020년 초 호가 기준으로 8억 원 중반 수준으로 형성되어 있다.

이후 부동산 강의를 본격적으로 청강하면서 전문가들이 추천하는 지역을 나만의 기준에 따라 걸렀다. 나는 자금에 한계가 있어 가족들에게 추천해줬다. 답십리 분양권과 둔촌주공아파트는 당시 1억 원, 3억 8,000만 원 수준에 매입 가능했다.

가족이 둔촌주공아파트를 매입하는 것을 도우면서 재건축, 재개발이 부동산 주택 부분에서 돈이 되는 투자 상품임을 깨닫고 본격적으로 공부하기 시작했다. 이때 다양한 책을 읽었지만, 여기서 추천하고 싶은 책은 《돈 되는 재건축 재개발》이다. 부동산에 관심 있는 독자라면 한번 읽어보길 추천한다.

2017년 말에는 성남 신흥 2구역이 프리미엄 1억 2,000만 원 수준일 때 지인에게 추천해줬다. 재건축, 재개발에 대한 개념도 잡혀 있었지만, 무엇보다 리스크가 전혀 없을 거라 생각했다. 앞서 분양한 산성포레스티아의 프리미엄이 점점 치솟고 있었던 데다 판교의 수요층을 생각하면, 안전 마진이 충분히 확보된 가격이었다.

이때 지인은 40대 중반을 넘어 처음으로 자기 부동산을 취득하는 것이었다. 나는 얼마를 벌 수 있을까가 아니라, 지금 가격에 사면 어떤 리스크가 발생해도 문제가 없을까에 초점을 맞췄다. IMF나 리먼 사태처럼 외부 충격에도 방어할 수 있는지 확신이 필요했다. 결국 확실히 저평가됐으며, 외부 충격에도 하방경직성이 있는 물건이라 판단했다.

2018년부터는 정부 규제가 지속적으로 강화됐다. 그런데 아이러니하게도 돈은 점점 부동산으로 몰렸다. 그 당시 경계하던 것은 특정 카페나 강사가 추천하면 단체로 가서 매입하는 행태였다. 이럴 때일수록 신중하게 접근해야 했다. 두 가지 측면을 철저히 고려했는데, 하나는 정부의 규제 방향이고, 다른 하나는 투자자가 너무 많이 들어간 곳인가 하는 점이었다.

2017년 초부터 부동산 강의를 본격적으로 듣기 시작했고, 전문가가 한 말을 나 자신의 인사이트로 판단해 우선순위를 정하고, 이후의 투자 방향을 잘 정하려고 노력했다. 그렇게 해서 2018년에는 광명, 대전, 인천, 2019년 초에는 안산, 김포에 투자했다. 구체적인 지역과 대상은 오해의 소지가 있으므로 밝히지 않겠다.

사실대로 말하면, 나보다 내 추천을 받고 투자한 지인들의 성적이 더 좋다. 왜냐하면 나는 완성되지 않은 지식을 기반으로 중간에 계속 투자했기 때문이다. 따로 언급하지는 않았지만, 평택도 있고, 부평에서도 오피스텔 투자에 실패했다.

지인들에게 추천한 곳들은 직간접적으로 부동산 투자 경험을 많이 쌓아 어느 정도 시장 보는 눈이 생긴, 훨씬 뒤의 일이다. 그리고 아무래도 추천하는 것인 만큼 문제가 될 소지가 없는지를 매우 보수적으로 살폈다.

보통은 지인에게 부동산 추천은 잘 안 하지 않느냐고 묻는 사람이 있을지도 모르겠다. 왜 지인들에게 좋은 일을 하느냐고 말이다. 왜냐하면 내가 잘살고 싶어서이다. 나 혼자서는 아무리 열심히 해도 성공할 수 없다고 판단했다. 주변 사람들이 다 같이 잘살면 내가 성공할 확률이 점점 높아진다고 생각한다. 특별히 바라는 것 없이 순수하게 내가 아는 모든 사람들과 다 함께 잘살고 싶다.

많은 성공한 사람들이 쓴 책들을 보면, 성공하고 싶다면 성공한 사람들이 모여 있는 곳에 가라고 한다. 맞는 말이다. 하지만 현실을 너무 무시한 말이기도 하다. 회사와 집만 오가는데 무슨 방법으로 그들을 만날까? 무턱대고 찾아가면 삼성그룹 사장이 나를 만나줄까? 그래서 생각한 방법이 내가 성공하면서, 주변에 있는 사람들도 같이 성공 대열에 합류시키는 것이었다. 내가 가는 곳이 성공한 사람이 있는 곳이면 된다고 생각했다.

나와 가족들, 가까운 친척을 위한 부동산 투자는 2018년에 세팅을 어느 정도 마쳤다. 지금도 꾸준히 부동산 공부를 하는 것은 나와 가족들뿐 아니라 지인들의 성공을 돕고 싶은 마음이 크다. 그렇게 투자를 도운 지인들이 나의 커다란 자산이 됐다.

2019년에 두 곳에서 한꺼번에 세입자들이 갑자기 나간다고 한 적이 있다. 두 곳 모두 리모델링이 필요한 상태였다. 다들 알겠지만, 리모델링은 세입자를 먼저 내보내고 해야 한다. 그러려면 세입자가 퇴거할 때 줄 전세 보증금을 마련해야 하는데, 아무리 전세가가 낮은 곳이라도 억대 수준이다. 한 곳도 어려운데 두 곳을 동시에 리모델링하려다 보니 감당하기 힘들 정도로 큰 자금이 필요했다. 무엇보다 대출 규제로 돈을 마련하기 어려웠다. 어떻게 하나 고민하는데, 내게 도움을 받았던 지인들이 빌려줘 너무 쉽게 문제가 해결됐다.

물론 두 달이라는 짧은 시간에 이자와 원금을 같이 상환한다고 했고, 전세가 나가지 않을 위치도 아니니 빌려줘도 문제가 될 소지는 없었다. 하지만 부모 자식 간에도 돈거래는 하지 말라 했는데, 내가 어려울 때 모두 나서서 도와준 것이다.

이런 사례 말고도 내가 도움을 준 지인들로부터 지금까지도 크고 작은 도움을 받고 있다. 무엇을 바라고 주변 사람들을 도운 것은 아니었지만, 결과적으로 그들도 내게 많은 도움을 주고 있다. 내가 사회생활을 하는 데 있어 큰 자산이 아닐 수 없다.

책에서 항상 말한다. 혼자서는 성공할 수 없다고. 어느 분야에서든 성공하고 싶다면 주변에 사람을 모으라고. 독서는 나에게 지식이라는 힘을 줬다. 주변에도 베풀 수 있는 힘을 키워줬다. 독서로 쌓은 지식을 주변 지인들과 나눌 수 있었다. 내가 목표한 인생 설계를 계속 앞당길 수 있는 힘 중 하나가 바로 독서로 쌓은 인맥들이다.

독서를 통해 지식을 나누라. 그러면 목표한 곳에 더 빨리 도달할 수 있을 것이다.

책으로 배운 지식을
주식에 활용하는 법

요새는 주식투자를 하지 않는 사람을 찾기가 힘들다. 스마트폰이 대중화되고, 주식투자에 접근하기 쉬워지면서 하지 않는 사람이 더 이상할 정도가 됐다.

나는 10년 전에 우리사주로 많은 수익을 남겼다. 그 당시 우리사주를 포기한 지인들의 주식까지 인수해 이자를 대납해주는 방식으로 많은 돈을 벌었다. 그런데 이 돈은 내 돈이 아니었는지, 후배에게 사기를 당했다. 큰돈을 벌고 나서 그런 일을 겪으니 조급해졌다. 빨리 만회하고 싶었다. 그래서 마이너스 통장까지 만들어, 흔히 이야기하는 작전주, 테마주 위주로 접근했다. 결과는 다들 충분히 예상할 것이다. 나는 3,000만 원 정도의 큰 손실을 입고, 다시는 주식을 하지 않겠다고 맹세하며 정리했다. 이것이 2010년의 일이다. 그 뒤로는 주식을 일체 하지 않았고, 주변에 한다는 사람이 있으면 내 이야기를 해주면서 하지 말라고 말렸다.

부동산으로 자산 증식에 성공하고, 투자에 대해 개념이 잡히면서 다시 주식을 해봐야겠다는 생각이 들었다. 이전의 주식투자는 개인이 흔히 저지르는 실수인, 말도 안 되는 감에 의존했다. 전고점이 얼마였는데 지금은 반값도 안 되니 싼 것 아닌가 하는 식이었다. 시장이 인정해주는 가치, 내재 가치, 성장 가치 등에 대한 개념이 전혀 없이 주가만 보고 접근했다.

책을 읽으면서 공부한 다음에 부동산 투자를 해보니, 주식투자도 일단은 똑같은 방법으로 접근하면 문제가 없을 것 같았다. 또 부동산 투자와 같은 패턴, 즉 안전 마진이 있는지, 리스크에 강한지, 성장성이 있는지를 중심으로 살핀다면 잃지 않는 투자를 할 수 있을 것이라는 막연한 기대감도 있었다.

부동산으로 돈을 벌고, 우리사주로도 돈을 벌었는데, 둘 사이에서 공통점을 한 가지 찾을 수 있었다. 내가 잘 아는 것에 확신을 갖고 투자하면, 중간에 어떤 상황이 발생하더라도 버틸 수 있는 힘이 생긴다는 것이었다. 이런 힘은 공포의 순간을 견뎌내게 한다.

주식투자를 부동산 투자와 비슷하게 접근해보기로 했다. 전세를 끼고 부동산을 매입할 경우, 매도 계획은 최소 이 년을 감안해야 한다. 세입자와의 계약이 만료되는 시점에 매도하기가 쉽기 때문이다. 이것에 착안해 주식도 최소 이 년 단위로 접근한다면 돈을 벌 수 있지 않을까 싶었다.

2017년 중반부터 본격적으로 주식투자서들을 읽기 시작했다. 부동산의 매도 사이클처럼 최소 이 년이나 사 년을 두고 길게 가져갈 수 있는 주식을 찾아야 했다. 그러니 공부해야 할 방향은 명확했다. 차트, 수급 등의 요소는 공부할 필요가 없었다. 즉 기업이 지닌 본질적인 가치를 파악하고, 우량주 위주로 투자하면 잃지 않을 것이라 판단했다. 내가 집중해야 할 요소가 간단하고, 명확해졌다. 이런 식의 접근은 모든 사람들이 아는 워런 버핏의 방법과 동일하다. 이때부터 장기 투자로 접근해 성공한 사람들의 방법, 즉 가치투자 방법과 기업의 재무제표 분석법을 담은 책을 집중적으로 읽기로 결심했다.

다양하게 주식 관련 책을 읽던 중에 눈에 들어온 책이 있었다. 바로 《치과 의사 피트 씨의 똑똑한 배당주 투자》였다. 제목대로 배당주 투자의 장점과 본인의 사례를 설명한 책이다. 이 책을 읽으면서 배당주 투자에 흥미를 느낀 것은 무엇보다 부동산 투자와 동일한 요소가 많아서였다.

투자할 때 제일 중요한 요소는 투입한 자금을 얼마 만에 회수할 수 있느냐이다. 이 개념을 주식에서는 PER^{Price Earning Ratio}로 설명할 수 있다. 부동산과 배당주 투자를 비교해보자. 3억 원짜리 아파트를 2억 원 전세를 끼고 매입했다고 하면, 투자금은 1억 원이다. 이 년 뒤에 매매가는 오르지 않고 전세가 2억 5,000만 원이면, 투자한 자금의 50퍼센트를 회수한 것이다.

배당주도 이와 같은 개념으로 접근해봤다. A라는 주식에 1억 원을 투자했고, 배당금을 매해 5퍼센트 받는다. 그러면 투자금을 매해 500만 원씩 회수하는 셈이다. 매년 배당금을 지급받는다는 것은 투자금을 지속적으로 회수할 수 있다는 뜻으로, 어떤 상황에서도 버틸 수 있는 힘이 생긴다. 물론 기업의 지속 가능성이 근간을 이루고 있어야 한다.

다시 투자 대상이 좁혀졌다. 배당을 잘 주는 기업들 위주로 분석하는 것이 첫 번째였다. 이때부터 기업의 재무제표 분석법을 알려주는 책을 읽으며 공부했다. 주식에 관심 없는 직장인이라도 재무제표 분석은 꼭 공부해보라고 추천하고 싶다. 무엇보다 내가 다니는 회사가 지금 어떤 상황에 처해 있는지 객관적으로 알 수 있기 때문이다. 이 부분에 대해서는 다음에 언급하기로 하고 일단 넘어가겠다.

재무제표에 대해 다양한 책을 읽어봤다. 같은 내용을 어렵게 설명해놓은 저자가 있는가 하면 알기 쉽게 접근한 저자도 있기 때문이다. 또 지표를 해석하는 관점도 조금씩 달랐다. 특정한 책을 추천하기보다 다양한 책을 읽어보라고 말하고 싶다. 굳이 추천하자면 박동흠 저자의 책들이 이해하기 쉽게 잘 쓰여 있다.

배당주와 재무제표 안정성이라는 기준을 세우니 투자 대상 범위가 많이 좁혀졌다. 마지막으로 저평가되지 않았는가를 살폈다. 저평가는 미래 가치 대비 현재 주가가 낮은 경우와 현재 시장이 인정해주는 가치 대비 낮게 평가받는 경우로 나눌 수 있다. 이 부분을 이해하는 데 도움을 줄 수 있는 책이 《채권쟁이 서준식의 다시 쓰는 주식투자 교과서》이다. 채권 분야의 지식을 주식에 접목해 설명했고, 미래 가치를 어떻게 구해볼 수 있는지 쉽게 풀어주고 있다.

이쯤 되면 여러분은 나의 투자 성적이 궁금할 것이다. 연도별로 말하면 2017년에 4,000만 원을 투자해 수익은 대략 800만 원, 배당금으로 120만 원 정도를 받았다. 중간에 매도를 했는데, 이유는 투자할 부동산이 생겨서였다. 또 생각지도 못하게 남북경협주로 포함돼, 남북정상회담 때문에 비이성적으로 올랐다고 판단했기 때문이다. 시장이 자연스럽게 인정한 가치가 아닌, 단기적 테마로 인한 비이성적 가치 상승은 설사 추가 상승이 예상되더라도 더는 기대하지 않았다. 아마도 제자리를 찾아가리라 예상했다.

2018년에는 남북경협주로 포함되어 팔았던 주식을 다시 매집했다. 이유는 단순했다. 배당률이 높았고, 재무제표도 안정적이었으며, 시장에 대해 어느 정도 독점적 지위를 갖고 있다고 판단했다. 무엇보다 비이성적으로 올랐던 주가가 원래 자리로 돌아왔다. 이 역시 나에게 좋은 수익을 안겨줬다. 3,000만 원을 투자해 수익 900만 원과 세금을 제외하고 130만 원 정도의 배당수익을 안겨줬다.

지금도 이 주식을 보유하고 있는데, 시장 상황에 따라 최대 매입 가격보다 15퍼센트 이상 떨어진 적도 있다. 감으로 투자하던 때였다면 공포심을 이기지 못하고 팔았겠지만, 지금은 그러지 않는다. 우선 독서로 쌓은 지식이 나에게 버틸 힘을 주었다. 또 일년에 한 번은 투자금 회수가 가능하다 보니 장기로 가져가는 데 아무 두려움이 없었다.

주식이나 부동산으로 돈을 벌지 못하는 경우는 비슷하다. 남의 말만 믿고 샀다가 낭패를 보거나, 좋다고 생각해서 매입했지만 오래 버티지 못하고 진짜 상승장에서의 과실을 다 맛보기도 전에 일찍 매도하기 때문이다. 결국은 투자 대상에 확신이 없기 때문에 버티지 못한 것이다.

사람들이 살면서 제일 민감해하는 것이 바로 돈이다. 그런데 신기하게도 어떻게 하면 돈을 많이 벌 수 있는지는 공부하지 않는다. 주변에서 주식으로 돈을 벌었다는 말을 들을 수 없는 이유는 딱 하나이다. 공부하지 않았기 때문이다. 책을 읽고, 투자의 방향을 잡으라. 독서로 쌓은 지식은 돈을 벌 수 있는 종목을 발굴해 줄 뿐만 아니라, 상승장에서 그 모든 과실을 따먹을 수 있도록 버틸 힘도 준다.

투자의 기본이 되는 경제 지식, 책으로 독파하다

부동산으로 어느 정도 자산을 형성하고, 주식을 공부하면서 투자하던 시점이다. 주로 위대한 투자자들의 투자 철학과 가치투자 관련 서적을 읽고 있었다. 이때 읽은 책 중에 유럽의 유명한 투자자 앙드레 코스톨라니의 세 권짜리 시리즈가 있다. 1권《돈, 뜨겁게 사랑하고 차갑게 다루어라》, 2권《투자는 심리게임이다》, 3권《실전 투자강의》모두 적극 추천하고 싶다.

앙드레 코스톨라니는 유럽의 워런 버핏이라 불리는데, 그가 한 투자 조언 중에 달걀 이론이 유명하다. 달걀 이론은 금리가 올라가고, 내려가는 사이클에 맞춰 어느 상품에 투자해야 하는지를 소개하는 이론이다. 이 이론을 이해하면 예금, 채권, 주식, 부동산 등 상품별 적정 투자 시점을 알 수 있다.

　그동안 금리라고 하면 단순히 은행 이자라고 생각했지, 금리가 주는 경제적 영향, 이 세상의 파급력은 알지 못했다. 본격적으로 공부해보니, 금리는 경제와 연관되어 움직이고, 돈의 흐름을 만들기도 한다는 것을 조금은 알게 됐다. 그래서 시점별로 적정 투자 상품도 다르다는 것을 처음 알았다. 부동산과 주식을 공부하면서 느꼈던 또 다른 세계로 진입하는 느낌이 들었다. 그래서 당장 금리 관련 책을 찾아서 읽었다.

　사실 금리가 경제와 어떤 관련이 있는지, 기본적인 내용은 이미 고등학교 때 배웠다. 경제가 나쁘면 금리를 낮춰 시중에 돈을 풀고, 경제가 좋으면 금리를 높여 시중으로부터 돈을 흡수한다. 고등학교 때는 시험을 치기 위해 그냥 달달 외웠는데, 이제 성인이 돼 금리의 영향을 직접 받으니 쉽게 이해가 갔다. 금리가 주식시장과 부동산 시장, 각 경제 주체에 미치는 영향을 이해하고 나니 경제 기사에 대한 이해도도 조금씩 높아지는 것을 느꼈다.

　부동산, 주식 등 재테크 관련 도서를 읽고 공부하면서 경제 상식에 대한 이해도 필요하다는 것을 깨달았다. 우선 이해하기 쉽게 풀어 설명한 《최진기의 글로벌 경제 특강》 같은 기초 경제 지식

서적 중심으로 읽기 시작했다.

이 책을 비롯해 글로벌 경제 연관성을 다룬 책들은 경제 강국인 미국, 중국, 유럽, 일본 이야기를 항상 같이 묶어서 설명한다. 강대국들 사이의 경제 연관성을 이해하니 경제 신문 국제 면의 이해도가 조금씩 높아졌다.

경제 신문을 보면 크게 헤드라인, 국내 경제, 세계 경제, 금융, 산업, 주식, 부동산 등의 섹션으로 이루어져 있다. 경제서를 읽어 갈수록 각 섹션에 대한 이해도가 점점 높아진다는 것을 깨달았다. 게임에서 끝판왕을 깨기 위해 가는 길에서, 라운드별 소대장을 도장 깨기 하듯 이기고 다음 게임으로 넘어가는 느낌이었다.

국제 금융과 경제를 이해하면서 환율의 영향력이 크다는 것을 느꼈다. 그래서 환율에 좀 더 관심이 생겼다. 세계 경제, 투자와 관련된 주식시장을 이해하기 위해서이기도 했지만, 내가 다니는 회사가 제조업 기반에 해외 수출 중심이기 때문이었다. 게다가 그 당시 업무가 개발에서 가끔 경영층 보고를 준비하는 것으로 바뀌다 보니 특히 관심이 많이 갔다. 당시 읽은 책 중《환율의 미래》가 이해하기도 쉬웠지만, 무엇보다 우리나라 산업과의 연관성을 잘 설명하고 있었다.

투자에서 미래 예측은 큰 의미가 없지만, 우리가 경제를 공부하고 세계가 돌아가는 상황을 주시해야 하는 이유는 바로 리스크 관리와 대비를 위해서이다. 또 이런 지식들을 토대로 자신만의 인사이트를 갖춰야 나름의 대응 전략이 생긴다.

위험은 피할 수 없다. 다만 대응은 할 수 있다. 대응해야 할 시점에 그동안 독서로 쌓은 경제 지식이 빛을 발한다. 갈팡질팡하지 않고 어떤 행동을 취할 수 있기 때문이다. 언제 있을지 모르는 한 번의 사고 때문에 보험을 들듯이 말이다.

부동산 투자를 위해 시작한 독서가, 어느새 부동산 투자법을 주식투자에 접목하는 방식을 찾는 독서로 이어졌다. 주식을 공부하다 보니 경제를 이해하지 않고는 의미 없다는 것을 깨닫고 금리를 설명해주는 책을 읽었다. 금리의 원리를 알고 나니 환율의 영향력이 궁금해졌고, 이후에는 주요 원자재가 경제에 미치는 파급력을 설명한 책을 찾게 됐다. 이런 식으로 나만의 줄타기 독서가 시작됐다.

원서를 이해하려면 그 단어 자체의 의미뿐 아니라, 그 나라의 문화나 그 나라 사람들의 사고방식도 알아야 한다. 단어만 이해해서 읽는 것은 번역기를 써서 읽는 것과 차이가 없다.

독서를 통해 경제를 이해하기 전까지, 나는 경제 신문을 내용을 이해하면서 읽은 것이 아니라 그저 한글로 적힌 단어를 눈으로 좇은 것이나 매한가지였다. 근본에 대한 이해 없이 접근하는 것이 얼마나 의미 없는 일인지 뼛속들이 느꼈다. 경제에 대한 이해도가 높아지니 경제 신문을 읽는 속도 또한 빨라졌다.

투자로 돈을 벌고 싶은가? 그 투자 상품에 대해서도 공부해야겠지만, 경제도 반드시 알아야 한다. 하지만 앞서 말했듯이, 전문가가 될 필요는 없다. 전문가가 하는 말을 이해하고, 자신만의 인사이트로 걸러서 들을 수 있는 능력만 갖추면 된다.

일단 쉬운 책으로 시작하라. 금리, 환율, 원자재 등 분야별로 쉽게 풀이한 책을 한두 권씩만 읽어보면 투자에 대한 두려움에서 조금씩 벗어날 수 있을 것이다. 보통 사람들이 투자를 하면서 공포와 탐욕에 휩쓸리는 이유는 기본적인 지식 없이 남들을 따라서 움직이기 때문이다. 투자하기에 앞서 기본적인 경제 상식을 갖추길 바란다. 어려울 것 없다. 쉬운 책부터 차근차근 읽어나가면 된다.

돈도 공부해야 내 것이 된다

몇 년 전, 워런 버핏과 펀드매니저 테드 사이즈Ted Seides가 10년 수익률 내기를 한 이야기가 화제가 됐다. 워런 버핏이 먼저 펀드매니저가 받는 보수, 즉 펀드 수수료가 과도하다고 도발했다. 그러면서 수수료가 낮은 S&P500 지수를 추종하는 인덱스 펀드보다 일반 펀드 수익률이 높다면, 50만 달러를 주겠다고 했다. 인덱스 펀드의 수익률이 우세할 것이라는 주장이었다. 테드 사이즈는 헤지펀드 다섯 개를 골라 투자했다. 이렇게 10년간의 수익률 시합이 시작됐다.

언론에서 자주 보도했기 때문에 그 결과를 아는 사람이 많을 것이다. 결과적으로 워런 버핏의 압승이었다. 약속한 10년이 채 되기도 전인 8년 전부터 헤지펀드에서 상상을 초월하는 수익률을 거두지 않는 한 이 승부를 뒤집기는 불가능하다고 결론이 난 것이다. 결국 워런 버핏이 줄곧 해온 주장이 옳은 것으로 판명됐다.

이 승부가 우리에게 주는 교훈은 일반인들이 투자하는 간접 상품, 즉 펀드 상품으로 돈을 버는 곳은 투자금을 넣은 쪽이 절대 아니라는 것이다. 펀드 상품을 팔아서 운용하며, 수수료로 수익을 얻는 금융기관만 돈을 번다. 이들은 절대 잃지 않는 게임을 하고 있다.

얼마 전, 퇴직금 일시 지불을 없애고, 퇴직연금 가입을 의무화한다는 정부 방침이 보도됐다. 정말 정부는 국민들이 아름다운 노년을 맞이하게 하려고 강제로 퇴직연금에 가입시킨 것일까? 나는 그렇다고 보지 않는다. 이미 워런 버핏의 내기에서 그 진실의 이면이 밝혀졌다.

퇴직연금 의무화가 시행되면 누가 좋을까? 무조건 돈을 버는 곳은 금융기관과 정부뿐이다. 퇴직연금 수익률이 1퍼센트대라는 기사를 많이 접했을 것이다. 그러나 연금 수익률이 1퍼센트여서 금융기관이 망했다거나 손해가 막심하다는 기사는 아무도 읽은 적이 없을 것이다.

우리가 돈을 잘 운용해달라고 위탁한 금융기관들은 설사 퇴직연금이 마이너스 수익률을 기록해도 이런저런 관리비 명목으로 무조건 수익을 거둘 수밖에 없는 구조이다. 정부는 수익을 얻은 금융기관에게서 세금을 걷을 수 있다. 이렇게 정부가 나서서 좋다고 하는 상품마저 실제 수익이 금융기관으로 가는데, 다른 상품이야 오죽할까 싶다. 결국 우리 주변에서 광고하는 간접투자 상품들, 즉 신경 쓰지 않아도 돈을 벌 수 있다고 선전하는 상품들로 돈을 벌기란 정말 힘들다.

돈 욕심이 없는 사람은 없다. 물론 성직자를 비롯해 세상에 뜻이 있어 남과 다른 삶을 사는 사람도 있겠지만, 거의 대부분은 돈이 많으면 많을수록 좋다고 생각한다. 문제는 욕심만 많지, 돈을 벌 방법을 전혀 고민하지 않는다는 것이다.

나 역시 2005년에 사회생활을 시작해, 펀드 붐이 일던 2007년에 M사의 유명한 펀드 두 종류에 가입했다. 칠 년이 지나서도 마이너스에서 벗어나지 못해 중간에 돈을 뺄 수밖에 없었다. 물론 2007년에 주식시장이 고점이었던 탓도 있겠지만, 아무리 그래도 칠 년이 지났는데도 마이너스 상태인 것은 심했다. 하지만 가장 큰 잘못은 내게 있다. 아무런 공부도 하지 않고, 남들이 좋다고 하는 인기 상품에 아무 생각 없이 가입했으니 말이다.

열심히 공부하고 나서 간접투자 상품에 투자했다는 사람은 거의 없다. 또 간접투자 상품으로 이득을 얻어 부자가 됐다는 사람도 보지 못했다. 자기 돈으로 투자하면서도, 그 돈을 운용하는 주체가 되지 못하면 이런 일이 벌어진다.

나는 독서와 실천을 통해 부동산 투자에서 나름대로 좋은 성과를 냈다. 또 부동산 투자 방식을 토대로 주식을 공부해, 잃지 않는 주식투자를 했다. 이렇게 투자에 성공하고, 자신감이 생긴 근간에 실천 독서가 있다 보니, 더욱더 실천 독서에 탄력이 붙기 시작했다.

한편으로 사람들이 왜 자기 돈을 남에게 맡길까 의문이 들었다. 돈을 맡기더라도, 그 전에 가입할 상품이나 관련 정보를 단 며칠만이라도 알아보고 공부해야 하지 않을까? 전문가의 조언을 받을지언정 이 세상을 사는 데 꼭 필요한 돈을 아무 생각 없이 남에게 맡겨서는 안 된다.

삼 년 전에 세금 관련 강의를 들으러 갔다가 깜짝 놀란 적이 있다. 첫째, 강의를 들으러 온 사람 중 내가 젊은 축에 속했다. 둘째, 강의를 들으러 온 사람 대부분이 부자였다. 쉬는 시간에 전문가에게 상담하는 내용을 들어보니, 보통 직장인들이 생각하는 수준을 훌쩍 뛰어넘는 액수의 문제였다.

이때 느낀 점이 한 가지 있다. 부자들은 절대 한가하지 않다는 점이다. 그들은 자산을 지키기 위해 나이를 먹어서도 계속 공부한다. 돈이 많다고 해서 절대 여유롭게 지내지 않는다. 더 열심히 살고, 더 열심히 공부한다. 그러니 부자가 아닌 보통 사람들은 그들보다 몇 배는 더 노력해야 한다.

스스로 생각하고 판단하는 자존감 있는 삶을 소중히 하는 분위기가 커지고 있다. 그런데 돈에 대해서는 자존감 있게 행동하는 사람이 많지 않은 듯하다. 타인에게 의지하지 말고, 스스로 상황을 판단하고 관리할 수 있어야 한다.

아쉬운 점은 우리 사회가 돈의 소중함을 알면서도, 돈 이야기를 상당히 조심스러워한다는 것이다. 돈 이야기를 하면 경박하고 가벼운 사람으로 여기는 사회적 시선 때문이다. 속으로는 좋아하면서, 겉으로는 표현하지 못한다. 그러니 제대로 된 교육을 받을 기회가 거의 없다.

그런데 누구나 돈에 대해 쉽게 배울 수 있는 수단이 있으니, 바로 책이다. 돈에 대해 다양한 가치관을 지닌 성공한 사람들을 다룬 책이 정말 많다. 성공도 하고, 돈도 벌고 싶으면 원하는 것의 본질부터 공부해야 되지 않을까?

'우리의 미래는 국가가 책임져주지 않는다'라는 말을 많이 들어봤을 것이다. 국민연금이 2060년쯤 고갈될 것이라는 뉴스를 들어도 그렇고, 출생률이 떨어지면서 성장 동력이 함께 하락하는 것을 봐도 그렇고, 정부나 회사 등에 막연한 기대를 해서는 답이 나오지 않는다. 이에 대해서는 다들 동의하리라 본다. 과거 동양그룹 채권에 투자해 노후 자금을 날렸다는 어느 노부부의 안타까운 이야기부터 최근의 DLS 투자 손실까지, 안전하다며 판매된 상품이 거의 원금도 찾을 수 없게 된 경우가 많다. 정부나 정의로운 사람이 나서서 사람들의 돈을 찾아줬다는 이야기는 들어본 적이 없다.

현실은 냉혹하다. 상품에 대해 제대로 설명하지 않고 판매한 측의 책임도 크지만, 투자한 사람들 역시 그 상품을 제대로 알아봤는지 묻고 싶다. 결국은 돈을 벌고 싶은 마음만 있고, 돈에 대해 제대로 공부하지 않아 발생한 일이라 생각한다.

돈을 벌고 싶은가? 그럼 우선 잃지 않는 법부터 배우라. 돈을 잃지 않는 법을 어떻게 아느냐고? 많은 성공한 사람이 책을 통해 알려주고 있다. 책을 읽고, 투자하고 싶은 상품을 직접 연구하고, 또 실제로 투자하면서 경험을 쌓는 것이 부자로 가는 첫걸음이다.

부자들의 기부가 빛나는 이유

중학교 1학년 도덕 시간에 맹자의 성선설과 순자의 성악설을 배웠다. 나는 그때부터 지금까지 변함없이 성선설을 믿고 있다. 그래서 그런지, 성선설을 믿는 사람이 더 많지 않을까 생각했다.

어느 인터넷카페에서 성선설과 성악설 중에 무엇이 맞는다고 생각하냐는 투표를 했다. 400명 정도가 참여했는데, 나의 예상과 다르게 80퍼센트 정도가 성선설보다는 성악설이 맞다고 대답했다. 사람들이 왜 성악설을 택했는지 궁금해 댓글을 읽어봤다. 대다수가 어렸을 때는 성선설이 맞다고 생각했는데, 사회로 나오니 성악설 쪽으로 생각이 바뀌었다고 했다. 그제야 왜 사람들이 어렸을 때와 다르게 성인이 되고 나서는 정반대 생각을 갖게 됐는지 이해가 됐다.

언론사에서 기사를 내보낼 때 가장 중요한 판단 기준은 대중의 시선을 얼마나 끌 수 있는가이다. 그래서 범죄를 비롯한 각종 사건, 사고를 최대한 자극적으로 보도한다. 결국 우리는 나쁜 일에 더 많이 노출될 수밖에 없다. 누가 선행을 베풀었다는 아름다운 이야기도 많지만, 상대적으로 관심을 받지 못한다. 이렇게 신문이나 방송이 부정적인 내용을 긍정적인 내용보다 몇 배는 더 많이 보도하기 때문에 사람들이 은연중에 성악설을 지지하게 되지 않았을까?

성선설이 맞느냐, 성악설이 맞느냐를 논하고 싶은 생각은 없다. 다만 돈을 벌고 싶다면 세상을 부정적으로 보는 시각을 버려야 한다.

우리가 사는 세상에 부정적인 요소가 많다고 하면, 누구를 믿고 어디에 투자할 수 있을까? 결국 예금밖에는 투자할 상품이 없다. 예금도 은행이 파산하면 원금 보전을 받지 못한다. 게다가 엄밀히 말하면 예금은 정부가 만들어내는 인플레이션 때문에 돈을 까먹는 행위이다.

즉 돈을 벌고 싶다면, 기본적으로 세상을 긍정적으로 바라봐야 한다. 우리를 둘러싼 부정적인 뉴스 속에서 긍정적인 생각을 유지하기가 쉽지는 않을 것이다. 그럼에도 불구하고 돈을 벌고 싶다면, 긍정적 사고를 해야 한다. 부정적인 상황에서 긍정의 사고를 유지하기 위해 노력해야 한다. 이렇게 긍정적인 사고를 유지하면서 돈을 버는 가장 쉬운 방법이 바로 기부이다.

성공한 사람들의 공통점 중 하나가 바로 기부이다. 큰돈을 벌어서 여유가 있으니까 기부하는 것이다, 어쩌면 세금을 회피하기 위해서일지도 모른다, 이런 식으로 생각하는 사람도 있을지 모르겠다. 솔직히 나도 예전에는 비슷한 생각을 했고, '나중에 나도 큰돈을 벌면 그때 가서 하자'라고 기부를 다음으로 미뤘다.

인생 계획을 세우면서, 돈을 벌면 반드시 사회에 환원하자고 생각했다. 50세에는 아너소사이어티에 가입하겠다는 목표도 세워졌다. 그런데 그때 가서 돈을 벌었다고 어딘가에 선뜻 기부할 수 있을 것 같지 않았다. 기부도 연습이 필요하지 않을까 싶었다. 내가 목표로 하는 삶에 사회에 대한 봉사와 환원이 있다고 한다면, 지금 당장 조금씩 연습해야 한다고 생각했다. 그래서 우선 작은 액수나마 사회봉사 단체에 기부하기로 결심했다.

나는 연말이 되면 한 해를 정리하는 시간을 갖는다. 연초에 세운 계획을 점검하고 내년 계획을 세우면서, 자산도 점검한다. 앞서 이야기했지만, 계속해서 자산이 목표보다 초과해 증식되고 있다. 다만 아쉬운 것이 매달 고정적으로 들어오는 현금이 자산만큼 늘어나지는 않았다는 점이다. 하지만 재테크의 결과로 사회가 내 자산을 키워줬다면, 나 또한 일부를 더 환원해야겠다는 생각으로 매년 기부 액수를 늘렸다.

독서를 통해 인생 계획을 수립한 이후로 매년 연말에 점검할 때마다 상황은 유사하게 흘러갔다. 자산이 늘었고, 기부 금액도 점점 커졌다. 그러면서 실천 계획에 한 가지를 추가했다. 투자해서 얻은 수익의 3퍼센트를 기부하겠다고 결심한 것이다. 3퍼센트에 특별한 이유는 없다. 그냥 1,000만 원 수익을 얻었을 때 30만 원 정도는 사회에 환원해야 마음이 불편하지 않을 것 같았다.

매월 일정액을 기부하고, 투자 수익에 대해서는 추가적으로 3퍼센트를 기부하면서, 기부를 생활화하는 부자들의 마음을 조금은 이해할 수 있을 것 같았다.

내가 생각했을 때 부자들이 기부를 생활화하는 이유는 다음과 같다.

첫째, 돈을 썩히지 않기 위해서이다. 돈도 물과 같아서 고여 있으면 썩는다고들 한다. 돈이 진짜 썩는다는 말이 아니라, 돈을 가진 사람의 마음이 썩는다는 의미이다. 부자들의 기부가 돈을 더 잘 벌기 위한 수단으로 여기는지 어떤지는 모르겠다. 다만 기부는 돈이 들어오는 물길을 자연스럽게 더 넓혀준다.

둘째는 앞서 이야기했지만, 부정적인 사고방식으로는 돈을 벌기 어렵기 때문이다. 아니, 더 정확하게 말하자면 불가능하다. 기본적으로 돈을 벌고 싶다면, 먼저 본인의 사고방식을 긍정적으로 만들어야 한다. 생각해보라. 우리나라 경제가 나빠질 거라고 생각한다면, 어디에 투자해서 돈을 벌 수 있을까? 기부는 나를 둘러싼 부정적 이야기로부터 나의 사고방식을 순화시키는 역할을 한다. 남을 돕고 기분 나쁜 사람은 없다.

마지막으로 기부는 내 삶의 부적이다. 털어서 먼지 안 나오는 사람이 어디 있겠는가. 아무리 조심하고 살아간다고 해도 나도 모르게 실수를 저지르고, 때로는 상대에게 상처를 줄 수 있다. 나는 내가 저지른 실수나 남에게 준 상처에 대한 미안한 마음을 기부로 대신 표현한다.

나는 내가 성공하기 위해 다른 사람들의 성공을 돕고 싶다. 이 또한 다른 방식의 기부라고 생각한다. 일종의 재능 기부인 셈이다. 다른 사람들이 잘되도록 내 능력을 기부하고, 내 이러한 생각도 함께 공유한다. 나중에 그 사람들이 사회에 환원하는 기부의 근본을 이해하게 되면, 이 또한 사회에 대한 나의 간접 기부라고 말할 수 있다.

부자들은 부자가 돼서 기부한 게 아니라, 기부를 해서 부자가 됐다. 주위 사람들과 사회에 도움을 주려는 마음가짐이 큰 부를 이루는 출발점이다.

여러분도 돈을 벌고 싶은가? 사회에 대해, 자신의 삶에 대해 긍정적인 마음을 갖고 싶은가? 제일 손쉬운 기부부터 시작해보라.

4장

자신감을 키워준 책 읽기

책만 읽었을 뿐인데 보고서가 술술

나는 초창기 수학능력시험 세대이다. 언어영역 점수가 다른 영역에 비해 항상 낮았다. 언어영역의 핵심은 긴 지문을 읽고, 단락별 핵심 내용을 짧은 시간 내에 파악해서 네댓 문제를 정확하게 풀어내는 것이다. 언어영역 점수가 낮다는 말은 지문 자체를 잘 이해하지 못했거나, 핵심을 잘못 파악했다는 뜻이다.

재수학원을 다닐 때이다. 항상 다른 영역에 비해 언어영역 점수가 너무 낮다 보니 언어영역 선생님이 많이 안타까우셨던 모양이다. 나를 따로 불러서 한 가지 제안을 하셨다. 언어영역 점수를 상위권대로 끌어올려줄 테니 두 달만 시키는 대로 해보라고 하셨다. 그러면서 절대 핑계를 대거나 약속을 어겨서는 안 된다고 하셨다. 생각할 필요가 뭐가 있겠는가. 아쉬운 것은 나이지, 선생님이 아니었다.

당연히 나는 즉석에서 그러겠다고 했다. 뭘 해야 할지 당장 알려달라고 했다. 선생님은 문제집을 한 권 주시면서, 일주일 내로 다 풀고 채점해서 틀린 문제는 다시 한 번 훑어보고 오라고 하셨다. 문제집 한 권을 다 풀려면 빠르면 한 달, 보통은 두 달 정도 걸린다. 그런데 일주일이라니, 상당히 부담스러웠다. 하지만 상위권으로 올려준다고 하셨으니, 무슨 일이 있더라도 약속을 지키겠다는 마음으로 시작했다.

결국 일주일 만에 문제집을 다 풀었다. 다 풀었다고 하니, 다른 문제집 한 권을 주시면서 또 일주일 뒤에 갖고 오라고 하셨다. 나는 내심 틀린 문제에 대해 가르쳐주시려나 했는데, 아니었다. 다 푼 문제집은 거들떠도 보지 않고, 그냥 새 문제집을 풀라고만 하셨다. 다시 일주일 뒤에 다 푼 문제집을 가져가니 또 다른 문제집을 주시면서, 역시나 이것도 일주일 내로 다 풀라고 했다. 이런 식으로 일주일마다 한 권씩 풀었다. 그렇게 두 달이 지났고, 결국 문제집을 10권이나 풀었다.

수능시험을 두 달 앞둔 9월에 모의고사를 봤는데, 결과를 보고 나뿐만 아니라 주변 친구들도 깜짝 놀랐다. 나는 고등학교 시절부터 줄곧 언어영역 성적이 120점 만점에 70점대 후반에서 80점대 초반을 벗어나지 못했다. 그런데 9월 모의고사 결과에서 100점을 넘겼다. 기적이었다. 고등학교 삼 년, 재수 일 년, 이렇게 사 년 동안 한 번도 넘기지 못한 100점대에 진입했으니 말이다. 모의고사 지문을 읽으면서 이전보다 한결 수월하다고 느끼기는 했지만, 이처럼 기적에 가까운 점수는 전혀 예상하지 못했다. 그 뒤로 100점 이상 점수대를 유지했다.

나는 이런 결과를 보고 나름의 결론을 내렸다. 내 공부 방법이 문제가 아니었다. 그동안 제대로 공부를 하지 않은 것이었다. 선생님이 내게 특별히 가르쳐주신 것은 하나도 없었다. 틀린 문제를 설명해주시지도 않았다. 그냥 내가 문제집을 일주일에 한 권씩 풀고, 틀린 문제를 복습했다. 두 달을 이렇게 꾸준히 공부해 문제집을 10권 풀었을 뿐이다.

생각해보면 고등학생 시절에 언어영역을 공부하면서 일 년 동안 푼 문제집이 네 권도 안 됐다. 두 달 동안 집중적으로 공부한 분량이 이 년 동안 공부한 분량보다 많았던 것이다.

최승필 저자가 쓴 《공부머리 독서법》에도 비슷한 이야기가 나온다. 저자는 독서 능력을 요리에 빗대어 설명한다. 요리를 처음

하는 사람은 뭘 하나 할 때마다 확인해야 한다. 어떤 재료가 필요한지, 각 재료를 어떻게 손질하는지, 어떤 재료를 어떤 순서로 요리하는지 모두 찾아봐야 한다. 이에 비해 요리에 능숙한 사람은 머릿속에 유능한 팀원이 10명쯤 딸려 있기 때문에 재료 준비부터 완성까지 머뭇거리지 않고 본능처럼 다음 단계로 넘어간다.

마찬가지로 숙련된 독서가는 책을 읽는 과정에서 글자의 모양과 뜻을 파악하고, 어휘들을 조합해 문장, 문단을 이해하는 과정이 하나의 세트로 간결하게 구조화되어 있다고 한다. 그래서 어떤 과목을 공부하든 별도의 이해 과정 없이 읽는 순간 공부가 끝난다고 저자는 이야기한다.

나는 두 달 동안 긴 지문을 혼자서 집중해 읽으며 공부했다. 즉 머릿속을 구조화하는 독서법을 연습했던 것이다. 그 전까지는 공부할 때 제대로 지문을 읽지 않았다고도 할 수 있다.

처음 부동산 투자서를 읽었을 때는 이해가 가지 않는 용어가 많았다. 그래서 두 번 반복해 읽었다. 필사도 했다. 이런 방식으로 책 한 권을 집중해 읽고, 또 많은 책을 읽으면서 알게 모르게 숙련된 독서가가 됐다.

사실 《공부머리 독서법》을 읽기 전까지 한 가지 의문이 있었다. 회사에서 보고서를 작성하거나 상사의 지시를 받아 일을 처리할 때 전보다 훨씬 수월해졌는데, 그 이유가 뭔지 알 수 없었다. 그런데 독서를 통해 자연스럽게 실력이 향상됐다는 사실을 알게 됐다. 《공부머리 독서법》에도 나오지만, 생존을 위해 시작한 전투적인 독서 덕분에 내 머릿속에 비서 10명이 생긴 것이다.

많은 사람이 직장 생활을 하면서 힘들어하는 부분 중 하나가 아마도 보고서 작성일 것이다. 상사가 어떤 내용을 보고서로 작성하라고 지시하면, 그 지시부터 정확하게 이해해야 한다. 같은 한국어를 쓰면서도 서로 말이 통하지 않는 경우가 많으니 말이다. 그런데 책을 많이 읽으면 전보다 사고력이 향상돼, 지시를 메일로 받든 직접 말로 듣든 해야 할 일을 명확하게 파악할 수 있다.

보고서를 어떻게 써야 하는지 방향을 명확하게 이해했다면, 그 다음은 누군가가 작성해놓은 유사한 보고서, 어딘가에서 얻은 데이터나 자료를 살핀다. 자료들을 읽으면서 핵심 내용을 뽑고, 그 핵심에 대한 근거를 읽는 사람이 이해할 수 있도록 표현한다.

앞서 나의 독서는 생존 독서라고 했다. 독서를 가볍게 취미로만 여긴 것이 아니라 책에서 뭔가를 배우고, 익히고자 했다. 나뿐 아니라 무작정 손에 잡히는 대로 책을 고르는 사람은 거의 없을 것이다. 대부분 어떤 목적에 따라 책을 고른다. 주식투자에 관심이 있다면 재테크 분야 서가에 가서 머리말, 차례 등을 비교해보면서 책을 고른다.

뒤에서 실천 독서법을 자세히 설명하겠지만, 나는 그렇게 고른 책을 읽으면서 핵심 내용, 공감 가는 내용, 좋은 문구에 밑줄을 그었다. 필사도 했다. 꼭 이해하고 넘어갔으면 하는 부분은 여러 번 읽었다. 이 일련의 독서 과정이 회사에서 보고서 쓸 때의 프로세스를 자연스럽게 처리할 수 있도록 해준 것이다.

아래 표를 보면 보고서 작성과 독서가 비슷한 단계를 거친다는 것을 알 수 있다.

	보고서 쓰기	책 읽기
1	필요한 자료 수집	배우고자 하는 분야의 책 선정
2	자료 검토	책 읽기
3	중요한 내용 필터링	핵심 내용, 공감 내용, 좋은 문구 뽑아내기
4	보고서 작성	필사

책을 읽고, 중요한 내용에 밑줄을 긋고, 필사를 하는 과정이 보고서 작성 과정과 유사하지 않은가. 나는 책을 선정하는 과정에서부터 목적을 의식했다. 그 목적에 맞는 내용을 그냥 지나치지 않도록 책을 읽으면서 밑줄을 긋고, 필사도 했다. 즉 독서하는 과정

에서 핵심 내용을 찾아내는 훈련을 항상 해왔고, 그 부산물로 이해력이 자연스럽게 향상됐다. 이러한 생존 독서 덕분에 자연스럽게 보고서 작성을 비롯해 업무 처리 능력이 향상됐다. 처음 상사에게서 지시를 받는 순간부터 보고서가 마무리되는 순간까지, 나는 그동안 책을 읽으면서 터득한 훈련을 반복했을 뿐이다.

여기서 좀 더 디테일하게 들어가보자. 언어에서 말하기와 듣기가 한 세트로 움직이고, 읽기와 쓰기가 한 세트로 움직인다는 것은 다들 알 것이다. 즉 보고서를 쓰는 것은 데이터나 기본 자료를 읽고 이해해내는 능력과 연관이 있다.

우리가 말하면서 사용하는 언어와 글로 표현하는 언어는 많이 다르다. 예를 들면 '변별'과 '구별'이란 단어가 있다. 두 단어의 사전적 정의를 살펴보면 다음과 같다.

> **변별**
>
> 1) 사물의 옳고 그름이나 좋고 나쁨을 가림
>
> 2) 세상에 대한 경험이나 식견에서 나오는 생각이나 판단
>
> **구분** : 일정한 기준에 따라 전체를 몇 개로 갈라 나눔

사람들이 대화를 할 때는 보통 "정답과 오답을 구분할 줄 알아?"라고 한다. 그런데 사전적 정의에 따른 올바른 표현은 "정답과 오답을 변별할 줄 알아?"이다. 용어의 정확한 정의를 알아야한다는 취지에서 꺼낸 이야기가 아니다. 다만 독서량이 늘수록 글쓰기에 맞는 단어가 자연스럽게 머릿속에 떠오를 것이라고 말하고 싶다. 보고서에서 마지막 세련미를 더해주는 것은 결국 알맞은 자리에 집어넣은 알맞은 단어이다.

직장인이라면 보고서 작성 잘하는 법을 알려주는 자기계발서를 한 번쯤 읽어봤을 것이다. 나 또한 막 직장 생활을 시작했을 때 상사가 추천해준 책을 읽은 적이 있다.

보고서 작성법 관련 책은 보통 상황별 작성법을 주로 설명한다. 예를 들면 어떤 보고는 결론부터 말해야 하고, 어떤 보고는 먼저 상황을 설명한 다음 마지막에 결론을 넣어야 한다는 식으로 말이다. 간혹 단어 선택에 대해 사전을 찾아보라고 조언하는 수준에서 내용을 끝마치는 책도 있다.

그런데 문제는 책을 읽고 보고서 작성법을 익혀도, 상대가 어떤 생각으로 그런 지시를 내렸는지, 보고서에 어떤 내용을 넣어야 하는지 알지 못한다면 아무 소용이 없다는 것이다.

책을 많이 읽으라. 때로는 필사도 해보라. 이렇게 많은 책 읽기와 필사를 통한 쓰기 연습은 여러분이 독서한 분야의 지식을 넓혀 줄 뿐만 아니라, 보고서 작성을 수월하게 만들어준다. 보고서 작성 능력은 독서가 여러분에게 주는 또 다른 선물이다.

사내 교육은 책 한 권 읽은 효과

나는 책을 읽는 자세에 대해 원칙을 하나 세웠다. 비판적 시각을 버리고, 이 책에서 배울 점이 분명 한 가지는 있을 거라는 자세로 책을 대하자는 원칙이다. 이러한 태도가 직장 생활에도 영향을 줬는지, 누가 가르쳐준다고 하면 뭔가 배울 것이 있을 거라는 자세를 취한다. 이런 마음가짐은 특히 회사에서 실시하는 사내 교육이나 외부 초청 강연에 대한 나의 태도와 접근 방식에 긍정적인 영향을 줬다.

직장인들은 많이 공감할 것이다. 격무에 찌들어 있다가 사외로 교육을 가면, 휴가를 받은 느낌이 든다. 군대로 비유하면 하루 정도의 자유를 얻는 외출, 외박이랄까. 교육장에는 나를 구속하는 사람도 없고, 눈치 볼 일도 없다. 그래서인지 교육 시간이 10분만 지나면 이런 장면이 연출된다. 강의 내용 자체가 흥미롭거나 강사가 흥미롭게 진행하지 않는다면, 대다수는 졸거나 스마트폰을 보기 시작한다. 나 역시 크게 다르지 않았다.

책에 깊은 감명을 받으면 저자의 프로필을 인터넷으로 찾아본다. 저자가 주최하는 강연회가 있으면 유료라도 찾아가 듣기도 한다. 책에서 받은 감동을 또 느껴보고 싶어서이다. 강연회 내용이 책 내용과 100퍼센트 일치하지는 않지만, 대부분이 책을 기반으로 한다. 그래서 두세 시간 정도 저자 강연회를 들으면, 저자가 쓴 책 한 권을 읽는 것과 같은 효과를 얻을 수 있다. 이렇게 강연회가 책 한 권을 읽는 효과와 동일하다고 느낀 뒤로는 회사에서 제공하는 교육이나 초청 강연을 대하는 나의 자세가 바뀌었다. 회사가 엄선한 강사들의 수준 높은 강의를 무료로 들을 수 있으니까 말이다.

2018년에 《대통령의 글쓰기》로 유명한 강원국 저자가 사내 교육을 온 적이 있다. 박근혜 대통령 탄핵이 진행 중이었고, 최순실이 대통령의 원고를 수정했다는 사실이 세상에 알려졌을 때였다. 그러면서 저자의 책이 예상치 못하게 베스트셀러가 됐다는 이야

4장 자신감을 키워준 책 읽기

기를 들었다. 그런데 저자의 프로필을 찾아보니 직장인과 공무원으로 쌓아온 이력이 화려했다. 프로필만 봐도 저자의 사내 교육이 무척 기대됐다.

강의는 '어떻게 하면 글쓰기를 잘할 수 있느냐'라는 주제로 일곱 시간 정도 진행됐다. 강의를 듣는 사람이 회사원들이다 보니, 저자는 질의응답 식으로 보고서 잘 쓰는 법과 직장 생활에 대해 많은 이야기를 해줬다. 강의나 교육을 대하는 나의 자세도 이전과 180도 바뀌어 있었지만, 사전에 저자의 프로필을 보고 매료됐던 상황이라 누구보다 강의에 집중했다. 저자가 전달하는 내용을 빠짐없이 기록으로 남겼다. 저자와 함께 기념사진까지 찍었다.

강의가 끝나고 회사로 복귀해서는 강의 중 받아 적은 내용을 타이핑했다. 독서 후 필사의 효과를 느끼던 때라, 어떤 교육이든 중요하다고 생각한 내용은 반드시 필기한 다음 다시 타이핑하는 습관이 생겼다. 무엇보다 그 강의 내용들은 직장 생활에 큰 도움이 됐다.

특히 인상 깊었던 것은 바로 나만의 보고서 용어집을 만들어보라는 내용이었다. 보고서를 한 건 작성할 때마다 문맥상 중요한 단어 다섯 개의 정의와 유의어, 반의어를 인터넷 국어사전에서 찾아서 파일이나 노트 등에 적어놓으라고 했다. 나중에 보고서를 작성하면서 문장이나 단어가 잘 떠오르지 않고 막힐 때 찾아보면 유용하다는 것이다. 청와대에서 일한 사람도 연설문을 쓰면서 단어 하나하나 국어사전에서 찾았다는데, 회사 보고서가 물론 그 정도 수준을 요구하는 것은 아니지만, 내가 정말 단어의 뜻을 제대로 알고 쓰나 의문이 들었다.

당장 보고서를 작성할 때마다 다섯 단어를 뽑아 엑셀 파일에 기입하면서 나만의 데이터베이스를 만들기 시작했다. 평소 알고 있다고 생각하는 단어도 찾아봤다. 찾아보는 데 그치지 않고 단어의 정의와 유의어, 반의어를 직접 타이핑했다. 그러니 머릿속에 적어 넣는 효과도 있는 것 같았다. 책을 읽고 나서 필사를 하는 것과 똑같은 효과를 얻을 수 있었다. 점점 데이터가 축적되면서 확실히 보고서 작성 시간이 줄어들었다. 또 어떤 단어를 쓰면 좋을지 몰라 머뭇거릴 때는 보고서 용어집이 해답지 같은 구실을 해줬다.

어느 날, 회사에서 상사와 같이 보고서를 작성하고 있었다. 상사가 어떤 문구를 넣으면 좋을지 물어봤는데, 내가 보고서 용어집 파일을 열어서 같이 보고 결정하자고 했다. 상사는 보고서 용어집이 있다는 것 자체를 신기해하면서 좋아했다. 그러면서 공유해줄 수 있느냐고 했다.

이렇게 보고서 용어집의 효과를 보자, 한발 더 나아가 응용해보기로 했다. 내가 작성한 보고서에 대해 상사들이 해준 피드백을 오답 노트 형식으로 정리해보기로 한 것이다. 어렵지는 않았다. 피드백이 적힌 보고서를 스캔하고, 그 데이터를 쌓아나가기만 하면 된다. 이렇게 하니, 누가 어떤 지시를 하든 기본 80점은 하는 보고서를 바로 작성할 수 있게 됐다. 즉 사람별, 상황별 맞춤형 보고서를 언제든 바로 작성 가능해졌다.

많은 사람이 사내 교육을 '들어봐야 실무에 도움이 안 돼!'라고 생각한다. 그런데 강사는 책 한 권, 또는 그 이상을 사람들이 이해하기 쉽도록 핵심만 뽑아서 전달하려 많은 준비를 한다. 그런 교육을 듣는 우리는 편하게 책 한 권을 읽는 효과를 얻을 기회를 갖는다. 그 강의가 지금 당장은 필요가 없다고 하더라도, 언젠가는 분명 써먹을 일이 생길 것이다.

많은 사람이 자기 돈을 쓰면서 좋은 강의를 들으러 다닌다. 그런데 회사는 사내·외 교육을 기획하면서 강사 선정에 노력을 기울인다. 직원들이 시간을 허투루 보내지 않도록, 인재 육성에 도움이 되는 강사, 교육을 준비한다. 실제로 교육을 들어보면, 놓치지 말고 귀담아들어야 할 내용들이 많다.

저자의 의도를 파악하려고 힘들게 노력하지 않아도 되는 회사 교육을 책 한 권 읽고 온다는 기분으로 임해보길 바란다. 교육이 끝나면 '좋은 내용이네!' 하고 끝내지 말고, 강의 내용을 손으로 적든, 타이핑하든 정리하는 시간을 갖기 바란다. 강의 내용을 내 것으로 체화시키는 좋은 방법이다. 나아가 강의 내용 중 한 가지만 제대로 적용해보려고 노력하자. 그러면 분명 여러분 앞에 색다른 직장 생활이 서서히 펼쳐질 것이라 확신한다.

사회생활의 무기가 되어주는 책 읽기란

우리는 아이들과 대화할 때, 아이가 하는 말이 유치하더라도 대부분 끝까지 들어준다. 대화를 시작할 때부터 아이들의 사고 수준이 어느 정도인지 이해하고 있기 때문이다.

이런 마음을 성인들끼리 이야기할 때도 가져보자. 다 큰 어른들끼리 서로의 사고방식을 이해하고, 서로의 관점을 생각하면서 대화한다면, 우리가 사회생활을 하면서 발생하는 많은 문제가 쉽게 해결될지도 모른다. 문제는 성인이 되고, 사회생활을 시작하면 그렇게 남을 이해하려고 노력하기도 싫지만, 그럴 여유도 주어지지 않는다는 것이다. 특히 직장 생활이 그러하다.

'대화'의 사전적 의미는 '마주 대하여 이야기를 주고받음. 또는 그 이야기'이다. 핵심은 어떤 주제든 이야기를 주고받을 수 있어야 한다는 점이다.

직장 생활에서 가장 힘든 순간 중 하나가 상사와 업무 관련 대화를 나눌 때이다. 사실 말이 좋아 회의를 하면서 대화를 나누는 것이지, 보통은 일방적 지시를 듣는 것이다. 상사들 중에는 항상 자신의 말이 맞는다며 억지를 부리고, 부하 직원이 성장해서 자기 자리를 위협할까 봐 무조건 깔아뭉개는 사람도 분명 있다. 그런 상사는 피하는 것밖에 달리 해결책이 없다.

그럼에도 불구하고 내가 반성할 점은 없는지 한번 생각해봤으면 좋겠다. 자기 자신의 단점은 등 뒤에 새겨져 있다고 한다. 그래서 남의 단점은 잘 보여도, 자신의 단점은 잘 보이지 않는다는 것이다. 내가 모르는 나의 문제 때문에 상사들과 서로 이해하지 못하는 것일 수도 있다. 내가 상사를 제대로 서포트할 수 없기 때문에 대화가 아닌 일방적 지시로 끝나는 것은 아닌지 되돌아볼 필요가 있다.

나는 부동산과 주식에 투자해 돈을 벌기 위해 재테크 관련 서적을 꾸준히 읽었다. 나중에는 범위를 넓혀 거시경제, 미시경제, 환율, 금리, 원자재 등도 책을 읽으면서 공부했다. 《부자 아빠 가난한 아빠》를 읽고는 프랜차이즈를 공부하고, 사업에 대한 기본 지식을 익혔다. 내가 공부한 내용들을 되돌아보니, 모두 회사 경영과 관련이 있었다. 경영진이 알아야 하고, 관심 있어 하는 지식들을 자연스럽게 습득하고 있었다.

회사를 운영하는 경영자들은 매출, 비용 같은 내부 요인만 보지 않는다. 넓게는 세계 경제의 흐름 속에서 우리나라 경제는 어떻게 흘러갈지 내다본다. 미국 대선 같은 세계 정치도 함께 살펴볼 필요가 있다. 그 속에서 금리, 환율, 원자재 등의 흐름도 예의 주시하면서 회사의 전략과 전술을 수정해나간다. 투자를 더 해야 할지, 당분간 비용 절감을 통해 보수적으로 운영해야 할지 결정해야 한다.

돈을 벌고자 시작한 독서가 어느덧 회사에서 상사의 지시를 받아 일을 처리하는 나의 시선을 윗사람들의 시선으로 가져다 놓았다. 직장인들의 불평불만이 다양하겠지만, 무엇보다 월급과 회사의 비용과 관련된 사항이 많다. 나는 지금 노동자의 입장이지만, 불편한 노사문제는 잠시 접어두고 이야기해보자.

기업의 목적은 이윤 추구이다. 다른 목적은 없다. 오로지 이윤을 추구해 우선적으로 주주에게 기업 이익에 대한 혜택을 주는 것이 일차적인 목적이다. 그다음은 직원이 될 수도 있고, 고객이 될 수 있다.

그렇다고 하면 이익을 많이 얻는 방법은 매출을 크게 키우는 방법과 비용을 줄이는 방법, 이 두 가지이다. 우리 대부분은 이런 사실을 알면서도 왜 월급은 쥐꼬리만 하게 주는지, 비용 절감을 하라면서 시키는 일은 왜 이리도 많은지 불평만 하고 있다.

하지만 이는 정확하게 알지 못하고 어설프게 알기 때문이다. 직장인들은 보통 자신의 업무 영역 수준에서만 생각하기 때문에 회사가 어떻게 운영되는지 잘 모른다. 만약 좀 더 넓게 회사와 관련 시장의 흐름까지를 생각한다면 회사가 달리 보일 수도 있다. 극단적으로는 만약 내가 속한 곳이 침몰하는 배라면 빨리 다른 곳으로 갈아타야 하지 않겠는가. 그렇다면 최소한 내가 다니는 회사의 상황 정도는 윗사람들의 시선에서 바라보는 연습을 해야 한다.

다시 본론으로 돌아와서, 나를 기쁘게 해주는 후배 사원은 누구일까? 단순히 내 지시에 잘 따르는 사람? 괜찮다고는 할 수 있지만, 마음이 잘 맞는다고까지는 하기 어렵다. 나와 대화가 되는 후배 사원과 일할 때 기쁘다. 그렇다면 답은 나와 있다. 일을 처리하는 나의 시선이 윗사람들과 같은 높이에 있을 때 대화가 가능하다. 대화가 된다는 것은 직장에서 인정을 받는 제일 중요한 요소이다.

4장 자신감을 키워준 책 읽기

독서로 쌓은 지식으로 회사의 재무제표를 이해하고, 세계 경제와 국내 경제를 이해하게 되면, 회사에서의 눈높이가 어느 순간 경영층과 비슷해진다. 내 일을 하는 데 그 정도 시선까지는 필요 없지 않냐고 할 수도 있다. 하지만 그렇지 않다.

개발 부서의 경우, 새로 시작하는 개발 프로젝트의 목적이 비용 절감인지, 범용 기능 확대를 통한 매출 증대인지 경영층의 시선에 맞춰 생각해볼 수 있다. 영업 부서라면 지금 시장이 축소 국면인지, 확장 국면인지에 따라 전략을 생각해볼 수 있다. 구매 부서는 자사 제품이 시장 성장과 맞물려 확대 국면이라 새로운 업체 발굴이 필요한지, 아니면 반대 상황이라 협력 업체의 내실을 다지면서 다음 도약을 준비해야 할지를 고민해볼 수 있다.

회사 일뿐 아니라 어떤 일을 추진하기 전에 전체적인 그림을 그려보는 것과, 오직 내 위치에서만 상황을 바라보는 것과는 분명 큰 차이가 있다.

독서 덕분에 여러분의 시선이 경영층의 눈높이에까지 올라와 있다면, 상사의 지시가 쉽게 이해된다. 그러면 일을 추진하기가 한결 수월해진다. 그리고 그들의 시선이 이해가 가기 때문에, 어느 순간 자연스럽게 상사의 대화 상대가 돼 있다. 이것 또한 직장에서 기회를 얻는 또 다른 방법이 아닐까?

회사에서 경력을 쌓아 승진하면 업무 범위가 일반 사원일 때와 많이 달라진다. 일반 사원이나 대리급에서는 자신에게 주어진 제한된 업무만 처리하면 된다. 속된 말로 시킨 일만 잘하면 크게 문제 될 것이 없다. 그런데 직급이 올라가면, 처리해야 하는 업무의 범위가 넓어지고 접하는 상사의 범위도 임원급으로 확대된다. 대리일 때의 업무 분야만 알아서는 임원의 지시 사항에 대응하는 데 한계가 발생한다.

우리가 경영층이나 회사 선배들보다 부족한 것이 무엇일까? 경험과 그 분야 지식이다. 그들이 다양한 사람들과 사례들을 경험하며 쌓은 지식이 우리에게는 없다. 이렇게 부족한 지식과 경험의 차이를 메꾸는 제일 쉬운 방법이 바로 독서이다. 책을 매개로 성공한 사람과 만나 대화하는 것이다. 책은 저자에게서 성공의 경험을 배우는 훌륭한 도구이다. 독서를 하면 내 부족한 면을 채울 수 있고, 그렇게 해서 쌓은 지식은 대화 상대가 누가 되든 두려울 것이 없게 만들어준다.

반복적으로 강조하지만, 재테크를 공부하는 것은 기본적으로 경제, 경영을 학습한다는 뜻이다. 동시에 회사 경영진의 관심사가 뭔지 쉽게 이해하게 해준다. 독서로 쌓은 지식은 언제 있을지 모를 상사나 경영층과의 회의에서 나를 돋보이게 할 무기가 된다.

직원 대부분이 자기 분야밖에 모르는 상황에서 당신만 자신의 전문 분야뿐 아니라 회사의 전반적인 상황부터 외부 환경까지 파악하고 있다면, 윗사람들의 대화 상대로 인정받을 수 있다.

많은 직장인이 자기계발의 한 가지로 외국어를 공부한다. 그 이유가 뭘까? 글로벌한 세상, 자기 분야에서 외국인을 상대할 기회가 생겼을 때 능력을 발휘하기 위해서이다. 언제 찾아올지 모르는 기회에 대비해 준비해놓는 것이 그 목적이다.

전쟁에 나갈 때는 칼과 방패를 같이 준비해야 한다. 내가 살기 위해 적을 공격하는 수단으로 칼을 사용하고, 적이 나를 공격할 때 방어하기 위해 방패를 든다. 외국어만 공부하는 것은 칼과 방패 중 하나만 갖고 전쟁에 나가는 것과 다름없다.

나머지 무기 하나가 바로 독서이다. 회사 내부에서는 독서로 쌓은 지식으로 상사들에게 인정을 받고, 회사 외부에서는 외국어를 유창하게 한다면 어디 가서든 이길 수밖에 없는 상황을 구축해놓은 것이다. 남은 할 일은 기회를 기다리는 것뿐이다.

《손자병법》에서 말하지 않았던가. '승리하는 군대는 먼저 승리할 수 있는 태세를 갖추어놓고 적과 싸운다.' 독서는 여러분을 승리할 수 있는 위치에 자연스럽게 데려다줄 것이라 확신한다.

독서가 열어준 마음

직장 생활에 대한 자기계발서나 인터넷 게시글을 보면, 사내에서 인정받는 일 처리 방법을 많이 소개해놨다. 목적에 맞게 명확하게 일을 처리하라. 긍정적 마인드를 가져라. 결론을 먼저 언급하고 이후 논리적으로 설명하라. 끊임없이 시도하라. 좋은 말이 참 많다.

그런데 직장인들이 이런 내용을 잘 몰라서 직장 생활을 힘들어하는 것이 아니다. 다 알고 있고, 공감도 충분히 한다. 많은 사람이 이런 상식을 지키려고 열심히 노력한다. 그럼에도 불구하고 중간에 실패한다면, 뭔가 근본적인 처방이 잘못된 것이다.

위에서 나열한 것 같은 상식을 잘 모르더라도, 회사에서 즐겁게 잘 일하고 있다면 굳이 노력할 필요 없다. 하지만 나는 10년 넘게 직장 생활을 하면서, 회사에서 즐겁게 일한다는 사람을 보지 못했다.

회사에서 성공하기 위해 필요하다는 여러 가지 방법들은, 뇌에 종양이 생겨서 두통이 발생했는데, 머리가 아픈 현상만 보고 두통약만 처방하는 것과 마찬가지이다. 두통이 발생하는 근본 원인을 이해하고 이에 맞는 처방을 내려줘야 하는데 말이다. 직장 생활 중 특히 업무 처리가 힘들다면, 우선 근본적인 원인을 파악하자. 그런 다음 문제를 해결해도 늦지 않다.

사고방식이 부정적인 사람이 성공할 확률이 높을까, 긍정적인 사람이 성공할 확률이 높을까? 성공에 대한 기준은 사람마다 다르겠지만, 어쨌든 긍정적 마인드를 지닌 사람이 당연히 성공할 확률이 높다. 확률이라고 표현할 필요도 없다. 긍정적 마인드를 갖춰야 성공할 수 있다.

다양한 책들, 특히 자기계발서는 저자가 자신만의 노하우로 성공한 스토리를 담고 있다. 성공 과정을 보면, 문제를 해결하기 위해 다양한 시도와 노력을 했음을 알 수 있다. 여러 가지 어려움을 겪으면서도 결국 성공할 수 있다는 신념, 즉 긍정적 마인드가 밑바탕에 깔려 있기 때문에 성공적인 결과를 도출했다고 한다.

예전에는 나도 직장 생활에 불평불만이 많았다. 회사 일이 너무 많다는 둥, 상사가 상황도 제대로 모르면서 지시를 한다는 둥 주변 사람들에게 불평불만을 쏟아냈다. 직장에서 동료들과 잠시 쉴 때도 이런 불평불만만 이야기하기 일쑤였다. 그렇게 해야 스트레스가 풀리는 기분이 들었다.

어느 날, 도서관에 책을 고르러 갔다. 한참 커가는 아이들을 잘 알아야겠다는 생각으로 육아서를 빌리기로 했다. 아내가 집에 있으면서 주로 아이들을 돌봐주지만, 나도 최소한 육아라는 것을 알아야 가정에서 나름의 역할을 할 수 있을 거라 생각했다.

그렇게 해서 처음 택한 육아서가 《내 아이를 위한 감정코칭》이다. 책은 상황별로 아이들의 감정이 어떠하고, 그래서 어떤 대화법으로 접근해야 하는지 알려준다. 그 밖에도 육아 관련 책을 여러 권 읽다 보니, 육아서가 아이들을 키우는 데도 큰 도움이 되지만 사회생활의 기본을 가르쳐주기도 한다고 느꼈다.

어른들은 아이들이 말할 때 끝까지 잘 경청한다. 아이들이 하고 싶은 말은 대부분 뒷부분에 있지만, 어른들은 앞부분 이야기가 영양가 없는 줄 알면서도 들어준다. 내 아이가 아니더라도 말이다. 이렇게 어른들이 아이들의 이야기를 끝까지 들어줄 수 있는 것은 아이의 입장을 이해하기 때문이다. 아이와 대화할 때 철저히 아이의 눈높이에서 바라보려 노력하기 때문이다.

여기서 직장 생활을 떠올려보자. 직장에서 남을 이해하려고 노력한 적이 있는가? 가끔 시도는 했을지도 모르겠다. 문제는 마음속으로 몇 번 시도만 하고 진정으로 이해하려고 노력한 적은 거의 없다는 데 있다. 대부분 사람들은 상대가 먼저 나를 이해해주고, 내 힘든 상황을 알아주길 바라지, 내가 먼저 상대를 이해하려 노력하지 않는다. 육아서에서 시키는 대로 아이를 이해하려고 노력하는 것의 10퍼센트만 노력해도 직장에서 발생하는 인간관계의 많은 문제들이 해결될 것이다.

회사에서 사람들을 이해하려 노력해보라고, 특히 윗사람을 먼저 이해하려 노력해보라고 권하고 싶다. 우리 아이들이 부모의 입장을 이해하려고 나름 노력하고 있다고 상상해보라. 얼마나 기특하겠는가. 우리가 육아서를 보는 것은 부모로서 해야 할 도리를 모르기 때문이 아니다. 어떻게 하면 아이들을 좀 더 잘 이해할 수 있을까에 대한 고민으로 책을 읽고, 공부를 한다. 아이들을 정서적으로 안정시켜주고, 좋은 교육을 받을 수 있도록 고민하고, 제대로 된 식사로 잘 성장하게 하는 것은 기본이다. 기본 이상으로 아이들의 마음까지 이해하기 위해 육아를 공부한다.

직장 생활을 하면서 보고서를 잘 쓰고, 질문에 결론부터 말하며, 항상 진취적으로 일하는 것은 월급을 받는 사람으로서 당연히 해야 하는 기본 행동이다. 부모가 자식에게 해야 하는 기본 행동처럼 말이다. 이런 행동을 한다고 일을 잘한다고 말할 수는 없다. 여기서 한 단계 더 깊이 있게 접근해야 한다. 즉 먼저 상대를 이해하는 모습, 특히 윗사람들을 이해해보려 노력해야 한다.

과거에 나름 상사를 이해해보겠다고, 출근하면서 이런 생각을 한 적이 있다. '내가 업무를 제대로 뒷받침하지 못해서 그 사람이 나를 혼내는 거야.' 이렇게 몇 번 되새긴다고 문제가 해결되지는 않았다. 내 머릿속에 이미 자리 잡은 근본적인 생각이 바뀌지 않았기 때문이다.

긍정적인 생각을 하면서 출근해도 회사 도착과 동시에 잊어버리는 것이 너무 당연하다. 남을 이해하고, 긍정적으로 접근하려는 마음가짐이 내 몸과 마음에 내재화되지 않았기 때문이다. 독서로 이런 어려움을 해결할 수 있다. 책을 읽으면, 우리는 자연스럽게 저자의 입장에서 생각해보고, 그가 하는 말에 공감한다. 왜 책을 많이 읽으면 공감 능력이 높아질까? 책 내용이 좋기도 하지만, 저자가 하는 말에 공감할 마음의 준비를 하고 책을 읽기 시작하기 때문이다. 정확하게는 책을 고르러 가는 순간부터 공감할 준비를 한다.

내가 책을 많이 읽고 바뀐 것이 있다. 누가 부정적으로 이야기하면, 당장 그 자리를 뜨고 싶어진다. 독서가 부정적인 이야기에 거부 반응을 일으키도록 내 몸을 바꿔놨다. 책을 읽으며 저자의 이야기에 몰입하는 연습은 사회생활을 하면서 상대방의 입장에서 이야기를 들어보려 노력하는 태도를 자연스럽게 만들어줬다. 다양한 책을 통해 간접적으로 다양한 사람을 만나봤기에 사람에 대해 이해하는 것도 한결 수월해졌다.

당신 옆에 항상 좋은 사람들이 있어서, 좋은 말을 들려주고 어려울 때는 힘을 북돋아주는 이야기를 해준다고 상상해보라. 잠깐 힘든 상황이 와도 아무 문제 없이 극복할 수 있다.

당신 옆을 좋은 사람들로 채우는 손쉬운 방법이 책을 가까이 하는 것이다. 책장을 펼칠 때마다 책이 당신에게 다른 사람에 공감할 수 있는 능력과 긍정적으로 생각하는 능력을 줄 것이다.

또한 다양한 책을 읽으라. 다양한 책을 읽으며, 다양한 분야에서 성공한 사람들을 많이 만나라. 그러면 당신의 몸이 자연스럽게 긍정적이며, 서로 다름을 인정할 수 있는 상태로 변화한다. 책을 읽을 때 당신의 마음은 열린다. 자주 열리다 보면, 마음을 억지로 열려 노력하지 않아도 자연스럽게 계속 열려 있게 된다.

회사에만 오면 자연스럽게 마음이 닫히는데 어떻게 진취적이고, 열정적으로 일할 수 있겠는가. 일을 잘 처리해나가는 기술도 중요하지만, 그 근본에 해당되는 회사 사람들과의 관계도 독서를 통해 치유해보길 추천한다.

자연스럽게 터득한 처세술

벌써 12년 전 일이다. 이직 면접을 갔는데, 정말 당혹스러운 장면을 보게 됐다. 면접 전 대기 장소에서 눈에 띄는 한 사람이 있었다. 샛노랗게 염색한 머리카락에, 2002년 월드컵 당시에 유행한 베컴 헤어스타일을 하고 앉아 있었다. 양복도 매우 튀는 은갈치색이었다. 기업 문화가 많이 개방적이 됐다고 해도, 여전히 보수적인 색채가 강한 시절이었다. 게다가 IT 회사도 아니고, 가장 보수적이라고 할 수 있는 기계 관련 제조업 회사 면접장이었다. 단정하게 입고 온 사람들 사이에서 반짝이는 양복을 입고 앉은 그 사람이 눈에 띄지 않을 리 없었다. 10여 년이 지난 지금도 면접 보러 온 젊은 친구들의 옷차림이 거의 변하지 않았으니 확실히 그 친구가 정말 특별하기는 했다.

합격 후 신입·경력 사원 교육 첫날이었다. 교육장에서 그 친구를 다시 만났다. 놀라웠다. 그날도 면접 때처럼 은갈치색 양복에 샛노란 닭 벗 머리를 하고 앉아 있었다. 일주일 간의 교육이 끝나고 팀 배치를 받았는데 그와 같은 팀이었다.

나의 보수적인 사고방식에 덧붙여 면접 때와 크게 달라지지 않은 눈에 띄는 복장과 헤어스타일 때문에 그를 좋은 시선으로 볼 수 없었다. 아무리 연구소여서 복장이 상대적으로 자율적이라고 해도 그렇지, 백바지를 입지 않나. 겨울에는 춥다고 하얀색 털 귀마개를 끼고 다니기도 했다. 보수적인 제조업체에서 누구도 쉽게 할 수 없는 옷차림이었다.

그런데 시간이 지나면서 이 친구에 대한 나의 생각이 조금씩 바뀌기 시작했다. 평소 겉모습이 주는 선입견과 다르게 맡은 일에 열정적이었다. 윗사람이 어떤 문제를 해결하라고 지시하자, 골방 같은 회의실에 틀어박혀 야근을 거듭하더니 결국 이 주 만에 문제를 해결했다. 항상 밝고, 긍정적이었다. 무엇보다 남과 다르게 일을 대하는 그의 뜨거운 열정은 정말 대단했다.

이처럼 보통 사람들은 다른 누군가를 첫인상으로 판단한다. 그 사람의 외모를 보고, 한두 번 이야기를 나눈 것만으로 자신이 만들어낸 가상의 이미지를 그 사람에게 씌워버린다. 이 사람은 괜찮은 사람이야. 이 사람은 일 못하는 사람일 것 같은데. 이런 식으로 각인해버린다.

나도 외모만으로 사람을 판단하고 단정해버려서는 안 되는 줄 알면서도 첫인상만 보고 정착시킨 이미지를 바꾸는 데 꽤 오랜 시간이 걸렸다. 머리로는 알면서도 잘 고쳐지지 않는 것이다.

독서란 외적 요소를 모두 제거하고, 오로지 책에 있는 글만으로 작가와 교감을 나누는 행위이다. 우리는 책을 고르는 단계에서부터 작가가 전하는 내적 이미지에 영향을 받는다. 어느 누구도 작가의 외모가 멋있어서, 옷을 잘 입어서, 이미지가 지적이어서 그 작가가 쓴 책을 고르지 않는다. 시작부터 우리의 마음을 활짝 열게 만드는 것이 바로 독서이다.

또 저자가 쓴 글에 잘못된 부분은 없는지 찾으려고 애쓰며 책을 읽는 사람은 거의 없다. 한 분야에서 성공해 책까지 쓰면서 부정적으로 세상을 바라보는 사람은 없다. 소설이나 현실을 비판하는 일부 책을 제외하고는, 책에서 전달하려는 내용은 저자가 세상을 긍정적인 시각으로 바라보며 살아온 흔적과 그 결과물이 대부분이다. 책을 읽는다는 것은 세상을 바라보는 시선에 대해 긍정적 기운을 계속 받고 있다는 의미도 된다. 사람은 주변의 영향을 많이 받는다. 긍정적 마인드로 살아가는 사람들로 둘러싸여 있다면 자신도 어느 순간 긍정적으로 변할 것이고, 부정적인 사람들로 둘러싸여 있다면 삶을 바라보는 시선이 부정적으로 형성될 수밖에 없다. 책을 읽으면 내 주변을 긍정의 기운으로 둘러싸고, 부정의 기운으로부터 보호받을 수 있다.

직장인 자기계발서를 보면 어떻게 하면 일을 잘할 수 있는지 설명하는 데 많은 페이지를 할애한다. 또 그 일을 지속적으로 할 수 있는 마인드에 대해 설명한다. 하지만 직장 생활이 힘든 것은 일처리 방법을 몰라서도, 직장인 마인드가 없어서도 아니다. 사람을 대하는 방법이 미숙해서 직장 생활이 힘든 것이다. 쉽게 이야기해 직장에서의 처세술이 부족하기 때문에 힘들다.

직장 처세술이라면, 상사에게 아부하라는 소리인가 싶을 것이다. 하지만 처세술의 사전적 정의는 '사람들과 사귀며 세상을 살아가는 방법이나 수단'이다. 그 어디에도 상사에게 비위를 맞추는 것이라고 적혀 있지 않다. 개인적인 생각이지만, 직장 생활에서 기술적인 부분, 즉 자신이 담당하는 분야는 시간이 지나면 나름 전문가가 될 수 있다. 걸리는 시간이 사람마다 다를 뿐이다. 일처리 방법이나 난이도가 시간이 지난다고 크게 변하지는 않기 때

　　　　　　　　　　　　　　　4장 자신감을 키워준 책 읽기

문이다. 진짜 힘든 일은 사람 사이에서 발생한다. 인간관계가 힘든 것은 어쩌면 제대로 된 처세술을 배우지 못해서일 수도 있다.

책을 읽으면서 그 속에서 다양한 사람들을 만나고, 그 과정에서 세상 살아가는 방법을 자연스럽게 터득할 수 있다. 재테크서와 경제서를 읽으면 자연스럽게 세상을 바라보는 눈높이가 높아져 상사들과의 일을 수월하게 처리할 수 있다. 인문학 서적이나 육아서 등을 통해 주변 동료가 나와 다름을 이해하고, 가까이 다가갈 수 있게 된다. 주변 사람들과 일을 처리하는 데 있어, 그들을 좀 더 이해하는 마음이 자연스럽게 생기고, 나 또한 직장 생활에서 여유로운 마음을 가질 수 있다. 성공스토리를 다룬 자기계발서를 꾸준히 접하면 어떤 힘든 일을 맡더라도 긍정적 마인드로 무장하여 처리해낼 수 있는 힘이 생긴다. 독서의 시작은 나를 발전시키기 위해서였지만, 자연스럽게 주변을 이해하고 나를 돋보이게 만드는 처세술의 기본을 익히게 됐다.

독서를 꾸준히 하라. 세상과 사람에 대한 시선이 바뀐다. 시선이 바뀌면, 업무를 대하는 자세와 사람을 대하는 태도도 긍정적으로 바뀐다. 이런 식으로 마음가짐이 달라지면, 어느덧 당신 주위는 긍정적 기운으로 가득 채워질 것이다.

직장 처세술이라고 해서 남다른 방법이 존재하는 것이 아니다.

긍정의 마인드로 접근하는 것이, 시간이 지나도 변하지 않는 가장 기본이자 최고의 처세술이다.

직장인 이직 원인 1위가 대인 갈등이라고 한다. 업무 강도보다 사람 때문에 힘들어서 이직하는 경우가 더 많다는 뜻이다. 독서를 하면서 다양한 삶에 대한 다양한 사람의 철학을 접하고, 이와 교감하며 배우고 익히라. 어느 순간 자신과 다른 남을 인정하는 습관이 자연스럽게 형성된다. 우리가 겪는 갈등의 원인은 나와 다른 것을 틀린 것으로 바라보기 때문이다. 독서를 통해 긍정의 마음 근육을 키우면, 자신과 다른 것을 인정하는 힘이 생긴다. 이것이 독서가 당신에게 알려주는 자연스러운 직장 생활의 처세술이다.

스트레스 제로로 살아가려면

서두에서 잠깐 이야기했지만, 이직하고 나서 스트레스로 두 번 쓰러진 적이 있다. 이직하고 이 년 차가 됐을 때로 성과를 내야 한다는 강박관념에 시달리기도 했지만, 무엇보다 상사와의 갈등이 나를 힘들게 했다.

한 달 사이에 두 번 쓰러졌는데, 두 번 다 멀쩡하게 있다가 갑자기 쓰러졌다. 추운 겨울이었는데도 온몸에 식은땀이 비 오듯 쏟아졌다. 멀쩡히 눈을 뜨고 있고 분명 의식도 있는데, 내 의지와 상관없이 몸을 전혀 움직일 수 없었다. 도와달라고 말하고 싶은데, 입 밖으로 말이 잘 나오지 않았다. 한 번은 앉아 있었던 터라, 한참 뒤에 원래 상태로 돌아와 아무 일 없이 넘어갈 수 있었다. 다른 한 번은 옆에 있던 선배의 도움으로 간신히 상황을 넘겼다.

두 번 다 출근 전날, 즉 일요일에 그런 일을 겪었다. 다음 날 출근해서 마주쳐야 할 스트레스에 대해 내 몸이 한계 상황을 느끼고 조심하라고 신호를 준 것이 아닌가 싶다. 그런 일을 겪고 나서 종합검진을 받으려고 예약까지 했다. 하지만 당시 팀장이 휴가를 허락해주지 않아 예약을 취소했고, 어쩔 수 없이 악으로 깡으로 버텨내기만 했다.

10년이 지난 지금 사람들에게 당시 상황을 이야기하면, 공황장애 같다고들 말한다. 공황장애인지 아닌지는 모르겠지만, 직장 스트레스가 주는 무서움을 몸서리칠 만큼 느꼈기에 스트레스를 쉽게 넘기지 말라고 충고하고 싶다.

나중에 책을 읽다가 스트레스가 왜 심각한 문제가 되는지 알게 됐다. 사람마다 스트레스에 대처할 수 있는 한계점이 조금씩 다르며, 또한 무한정 버틸 수도 없다고 한다. 예를 들어 내가 견뎌낼 수 있는 스트레스의 정도를 100이라고 하자. 즉 100이 내 몸이 견뎌낼 수 있는 스트레스 한계점이다. 스트레스 지수가 100을 넘기면 몸이든, 마음이든 문제가 생긴다.

그런데 50 수준의 스트레스를 매일 꾸준히 받으면, 어느 순간부터는 몸이 외부에서 스트레스가 항상 들어오는 상태로 인식해 긴장 상태를 유지하고, 조그마한 일에도 쉽게 피로를 느낀다. 이 상태가 더 지속되면 면역력이 떨어져 원인 불명의 탈모나 수면 장애 등의 질병을 앓을 수 있다.

별일 아닌 일에 화가 난다면, 스트레스 세트포인트가 본인이 견딜 수 있는 한계치 근처에 와 있다는 의미이다. 스트레스로 생긴 병은 병원에서도 정확한 진단을 하지 못한다. 심증만 있을 뿐, 스트레스가 주는 영향이 너무 광범위하기 때문이다. 우리가 병원에서 처방을 받는 것은 아픈 증상에 대해서만이지, 그 원인까지는 아니다. 만약 본인의 스트레스 세트포인트가 한계치 근처까지 갔다고 생각한다면, 이를 낮출 방법을 강구해야 한다. 나는 스트레스 지수, 정확히는 스트레스 세트포인트를 낮춰줄 강력한 도구로 독서를 제안한다.

나의 독서는 생존 독서라고 표현했지만, 실천 독서의 효과를 느끼기 시작하면서부터는 독서가 생존이 아닌 즐거움이 됐다. 책에서 시키는 대로 했더니 내가 꿈꾼 생활에 점점 다가갔는데 생활이 즐겁지 않겠는가. 책을 읽는 순간뿐 아니라, 책을 읽을 수 있는 시간에 대한 기대감도 커졌다. 우선 일상의 시작인 출근 시간부터 행복하다. 빨리 버스에서 책을 읽고 싶다. 점심시간이 가까워지면 밥을 먹는 것보다 독서 시간이 다가온다는 기대감으로 행복하다. 업무 시간에는 빨리 퇴근해서 책과 만나기 위해 집중도를 높인다. 이처럼 독서는 출근 시간부터 업무 시간, 퇴근 후까지 기대감을 갖게 한다. 보고서 작성이나 일을 해결해나가는 스킬 향상은 덤으로 따라온다.

내가 이루고 싶은 꿈을 적어보고, 인생 설계를 할 때 직장이라는 틀을 벗어던졌다고 말했다. 직장 생활과 관련해 읽은 책은 거의 다섯 손가락으로 꼽을 정도이다. 그런데도 책을 읽으면서 자연스럽게 보고서 작성에 대한 두려움에서 벗어나기 시작했고, 나중에는 나의 보고서 작성 실력이 수준급으로 향상됐다. 직장 생활에서 가장 힘들다는 문제 중 하나를 자연스럽게 해결했다.

또한 인생 계획에서 직장 생활이라는 틀을 벗어던지니 사람들을 대하는 나의 마음과 태도가 한결 가벼워졌다. 직장 생활을 생활 유지가 아니라 목표를 이루는 과정이라고 생각하자 성과나 승진에 대한 욕심이 사라졌다. 다른 사람을 이해할 아량도 생겼다. 독서가 쌓아준 지식은 대화 상대가 누구든 자신감을 갖고 대할 수 있는 태도를 만들어줬다. 이 모든 것이 독서가 직장 생활에 있어서 자신감을 불어넣어준 요소들이다.

나는 회사에서 발생하는 업무들을 저글링으로 표현한다. 현재 주어진 업무가 세 가지라면, 나는 공 세 개로 저글링을 하고 있는 것이다. 그런데 갑자기 누가 공을 두 개를 던져주면 다섯 개나 되는 공을 빨리 처리해야 한다. 해결 방법은 두 가지이다. 한 가지는 공 다섯 개를 돌릴 수 있는 능력을 키우는 것이고, 다른 한 가지는 공 두 개를 내려놓거나 다른 사람에게 던지는 것이다. 회사 일을 잘 처리해낸다는 것은 저글링을 하는 것처럼 단순하다. 저글링으로 돌릴 수 있는 공을 세 개에서 네 개, 다섯 개로 늘려나가듯 업무 처리 능력을 키우면서, 때로는 직접 처리할 수 없는 업무를 넘길 수 있도록 주변 인간관계를 잘 다져둬야 한다.

독서는 나 자신을 알게 해주는 거울이며, 다른 한편으로는 나의 능력을 키워주는 비보祕寶이다. 책은 내 능력이 어느 정도이고, 내게 부족한 부분은 무엇인지 정확하게 알게 해준다. 또한 독서를 하면 내가 펼칠 수 있는 능력의 범위도 점점 커진다. 지식이 됐건, 독서를 통한 인간관계 확장이 됐건 말이다. 이처럼 독서는 나의 내면을 성장시켜줄 뿐 아니라, 외적인 지식도 키워주는 도구이다. 즉 더 많은 공을 돌릴 수 있는 능력과 함께 다른 곳으로 던져야 할 때를 아는 상황 판단력, 기꺼이 내 공을 받아줄 나의 사람까지 만들어준다.

2016년부터 일 년에 한 번씩 종합병원에서 건강검진을 받고 있다. 검진 항목 중에 스트레스 관련 항목이 있다. 자율신경 균형 검사라는 항목인데, 지금까지의 검사 결과는 '매우 좋음'이다.

2016년은 내가 본격적으로 책을 읽으면서 삶의 변화를 느끼기 시작했을 무렵이다. 2016년 이전 데이터가 없어서 비교할 수는 없지만, 아마도 2016년부터 나의 스트레스 지수는 엄청나게 개선됐을 것이다.

'스트레스 제로'란 스트레스가 전혀 없다는 뜻이 아니다. 내가 받은 스트레스를 견디는 회복탄력성과 관련된 스트레스 세트포인트가 제로란 말이다. 즉 나는 어떤 힘든 일이나 좋지 않은 상황에 부딪혀도 이겨내고, 바로 스트레스 지수를 제로로 떨어뜨릴 수 있다.

여러분도 직장 생활에서 오는 스트레스를 바로 회복할 수 있는 스트레스 제로의 세트포인트를 갖고 싶은가? 그렇다면 마음뿐 아니라 육체적인 건강 회복에도 책의 도움을 받아보라. 어느 순간 스트레스 제로 상태로 직장 생활을 하고 있는 자신을 발견할 수 있다.

독서가 준 최고의 선물은 자신감이다

    야구, 축구, 농구 같은 팀플레이 스포츠의 세계에서 감독들이 하나같이 하는 말이 있다.

    "연승보다 연패에 빠지지 않았으면 좋겠다."

    연패로 인한 패배감이 지배하는 팀 분위기가 그만큼 무섭다는 의미이다. 패배감이 팀 분위기를 지배하면, 선수들은 점점 자신감을 잃는다. 선수들이 이길 수 있다는 자신감을 잃고 의지가 꺾이면, 감독이 아무리 좋은 전략과 전술을 제시해도 쉽게 분위기가 반전되지 않는다. 팀 운영 자체가 불가하다. 그래서 팀의 연패가 길어지면, 감독들은 선수들에게 이길 수 있다는 자신감을 심어주기 위해 어르고, 달래는 데 열심이다. 딱히 취할 방법이 없는 것이다.

《초한지》를 보면, 한신이 조군과 싸울 때 강을 뒤로하고 군대를 배치했다는 이야기가 있다. 더 이상 후퇴할 길이 없음을 보여줌으로써 사기를 진작시켜 승리했다는 것이다. 이른바 '배수의 진'이다.

살면서 어쩌다 한 번은 '죽을 각오로 해보자'는 마음을 먹을 수 있다. 하지만 계속해서 그런 식으로 살 수는 없다. 매일매일 강물을 뒤로하고 적과 싸운다고 생각해보라. 결국은 피로감 때문에 속절없이 무너져버릴 것이다.

결국 장기전에서 지지 않기 위해서는 매번 승부수를 던질 것이 아니라 기본기를 갖춰놔야 한다. 기본 실력을 쌓아서 유지한다면 연패의 걱정도 필요 없고, 배수의 진을 치는 기분으로 살 필요도 없다.

《돈보다 운을 벌어라》를 읽으면, 행운과 관련해 이런 구절이 나온다. "평소 작은 운을 축적해야 큰 운을 지배할 수 있다." 평상시 나에게 오는 작은 행운을 다룰 줄 알면, 작은 운이 지나갈 때 이를 볼 수 있는 시야가 생긴다. 일상에서의 작은 행운들을 활용할 줄 알면, 나중에 더 큰 행운도 운용할 수 있다. 행운도 사이즈에 맞춰 운용하려면 연습이 필요하다. 작은 행운도 알아보지 못하는데, 큰 행운은 어떻게 알아보고 접근한단 말인가.

어찌 보면 직장이나 사회에서 잘 지내는 것도 이와 맥락이 같다. 직장 생활에서 주로 듣는 조언 중 하나가 '자신감을 가지라'이다. 그런데 자신감은 마음을 먹는다고 그냥 생겨나는 것이 아니다.

일을 잘 처리하지 못해서 매일 혼나는 사람이 있다고 하자. 그런 사람이 항상 혼나면서도 자신감 있게 말하고 행동한다면, 주변 상황도 볼 줄 모르는 눈치 없는 사람이 된다. 아무 상황에서나 자신감부터 갖는 게 중요한 것이 아니다. 그 전에 실력을 쌓아야 한다.

직장 생활을 하다 보면 간혹 상사와 마찰을 빚는 사람을 본다. 대부분의 경우, 아랫사람이 윗사람의 말에 굴복한다. 다양한 이유가 있겠지만, 자신이 맡은 일에 자신이 없어서 굴복하는 경우가 많다. 만약 아랫사람이 윗사람에게 필요한 인재라고 해보자. 마찰을 빚는 상황까지 가지도 않겠지만, 설사 그 상황까지 가더라도 윗사람이 아랫사람의 실력을 필요로 하기 때문에 문제가 크게 번지지 않는다. 즉 기본적인 실력과 부지런함을 갖춘다면 최악의 상황까지는 가지 않는다. 직장이든 사회생활이든 자신의 생활을 영위해나가는 데 있어서 항상 실력이 밑바탕에 자리 잡고 있어야 한다. 이런 실력이 기본에 있어야 자신감이 생긴다.

이제까지 독서로 얻은 다양한 효과를 설명했다. 보고서 작성 능력이 생기고, 윗사람과 같은 눈높이에서 일을 처리할 줄 알고, 긍정적 마인드가 생겨 대인 관계가 좋아진다. 이렇게 되면 무슨 일을 하든 항상 자신감이 자연스럽게 밑바탕에 깔린다. 자신 있게 일하고, 생활할 수 있다. 스트레스 없는 직장 생활도 더 이상 꿈이 아니다.

독서를 통해 배우려 했던 내용과 구체적인 실천 사항들이 자연스럽게 직장 내 실력을 향상시켜줬다. 내가 책을 읽기 시작했을 때의 목적은 직장에서 인정을 받고, 일을 잘하기 위해서가 아니었다. 직장 생활을 잘하기 위한 책을 별도로 찾아서 읽어본 적도 거의 없다. 그렇지만 책에서 얻은 지식이 나를 자신 있게 일을 처리하는 사람으로 만들어줬다.

직장 생활과 관련 없다고 생각했던 책들이 세상을 살아가는 데 기본적으로 알아야 할 보편적 지식들을 전달해준다. 이 보편적 지식이나 지혜는 사회나 직장 생활의 근간이 되는 요소들이다. 우리가 안다고 하지만 실제로는 잘 모르거나, 알면서 잠시 잊고 지낸 사실들을 일깨워주는 역할을 책이 해준다.

나는 매일 아침 출근할 때 행복까지는 아니지만, 회사에 가기 싫거나 월요병이라는 것을 몇 년 전부터 느껴보지 못했다. 독서로 삶이 변했다고 느끼기 전에는 나 역시 당장 회사를 그만두고 싶고, 월요일에 출근하는 것이 지옥으로 가는 문 앞에 서 있는 것 같았다. 하지만 지금은 출근해서 사람들과 만나는 것이 즐겁다. 하루를 재미있게 보내면서 돈도 벌 수 있는 회사 생활을 만들어주는 것이 바로 독서의 또 다른 힘이다.

직장이라는 굴레에서 잠시 벗어나 인생에서 가장 필요로 하는 부분과 관련된 책도 읽어보라. 그러다 점점 다양한 책을 읽어보라. 그럼 내가 말한 내용이 현실로 이루어질 것이라 확신한다.

5장

책 읽기가 만들어준 행운들

책으로 깨달은 운명의 원리

독서를 시작한지 일 년이 조금 넘었을 무렵이다. 그 당시 주로 읽고 있던 분야는 재테크, 경제, 자기계발이었다. 부동산 투자 결과가 예상보다 좋아 자산이 커지는 상황에서, 주식과 경제를 전반적으로 공부해야겠다고 마음을 먹고 있었다. 자기계발서는 지금 상황에 지속적인 탄력을 불어넣어주기 위한 채찍 같은 역할로 꾸준히 읽고 있었다.

여느 때와 마찬가지로 도서관에서 투자, 경제, 경영 분야 책을 살펴보는데, 문득 눈에 들어온 책이 있었다. 《사주 경영학》이라는 책이었다. 무엇보다 '사주'라는 글자가 시선을 사로잡았다. 잠시 서서 내용을 살펴보니, 저자가 사주를 배워 회사에서 활용한 경험, 사람들에게 사주를 봐주며 도움을 준 사례, 사주학에 대한 기본적인 정보를 담고 있었다.

갑자기 호기심이 생겼다. 만약 내 앞을 내다볼 수 있다면 목적지까지 더 빨리 도달할 수 있지 않을까 생각했다. 게다가 사주로 주변 사람들을 이해하게 되면 사회생활을 좀 더 쉽게 할 수 있겠다 싶었다.

곧장《사주 경영학》을 빌려 와 읽었다. 그런데 역시나 책 한 권으로 이해할 수 있는 것이 아니었다. 이 또한 학문이라 내용의 난이도와 깊이를 보았을 때 더 많은 시간을 투자해야 할 듯했다. 이렇게 해서 사주학, 정확하게는 명리학을 공부하기 시작했다.

일 년 넘게 독서를 하면서 한 가지 믿음이 생겼는데, 어떤 분야든 20권 정도를 독파하면 기본은 이해할 수 있다는 것이다. 그래서 이번에도 책을 읽으며 명리학을 공부하기로 결심했다. 평일에 거의 거르지 않고 3,40분씩 명리학 책을 읽었다. 지금도 꾸준히 읽고 있다. 공부를 시작한 지 여섯 달쯤 되니 음양오행에 대한 기본 개념이 조금씩 잡히기 시작했다. 다른 사람의 인생도 봐주기 시작했다.

'선무당이 사람 잡는다'고 하지 않았던가. 모든 것이 그렇지만,

어설픈 지식으로 접근하면 문제가 생긴다. 나만 피해를 입으면 그나마 괜찮은데, 다른 사람까지 나쁜 영향을 받으면 큰 문제가 되기 때문이다.

명리학에 대한 지식 체계가 제대로 잡히지 상태에서 다른 사람의 사주를 봐주면서 현재 상황이 좋다거나 나쁘다거나 조언했다. 나쁘다는 말을 들으면 사람들은 대부분 "어쩐지. 그럼 그렇지. 내가 어쩔 수 없지"라고 했다. 다음을 기약하거나, 좋을 때를 대비해 준비하는 시간으로 여기는 것이 아니라 자포자기하는 마음을 가졌다.

내가 그들에게 무슨 대안을 제시해줄 수도 없었다. 사주를 봐준다는 것은 카운슬러 역할을 하는 것인데, 그 당시 나는 지식도 어설펐을 뿐만 아니라 카운슬러로서도 준비되어 있지 않았다.

또한 계속 공부하다 보니 명리학이라는 학문을 단순히 사람들의 점을 봐주는 것으로만 여기고, 저급하게 접근했다는 사실을 알았다. 흔히 점을 본다고 여기는 학문은 과거에 동양철학으로서의 위상을 갖고 있었다.

이러한 동양철학은 흑백논리가 아닌 조화를 이상적이라고 여긴다. 예를 들어 어떤 사주는 이래서 괜찮고, 어떤 사주는 저래서 나쁘고 하는 식이 아니다. 저마다의 특징으로 이해해야 한다. 흔히들 인생을 '항상 좋을 수만도 없지만, 항상 나쁘지만도 않다'라고 말하는데, 이것이 명리학의 기본 개념이다. 이런 원칙을 놓치고 살았다는 것을 뒤늦게 깨달았다.

운명이 어느 정도 정해져 있다 하더라도 인생에 높낮이가 존재한다면, 이를 잘 활용하면 된다. 좋지 않은 시기라면 삶을 보수적으로 운영하면 된다. 올 한 해 전반적으로 좋지 않은 상황이더라도 열두 달 내내 나쁠 수만은 없다. 그중에서도 좋은 때가 반드시 있다. 그렇다면 잠시 좋을 때를 잘 활용해 좋지 않은 상황을 타개하거나 재충전의 시간으로 삼으면 된다. 반대로 좋은 시기에 진입했다면 자신감을 갖고 좀 더 공격적으로 삶을 운영하고, 좋지 않을 상황에 대비한다.

무엇보다 명리학은 운명을 고정적이라고 속단하지 않는다. 다른 방법을 통해 충분히 개선할 수 있다고 말한다. 그 다른 방법이 바로 마음의 습관을 바꾸는 것이다. 많은 사람이 성공하고 싶다면서 새벽같이 일어나 영어 학원을 다니고, 운동을 하고, 저녁에도 뭔가를 배우러 다닌다.

다 좋다. 하지만 그 근본이 바뀌지 않고서는 힘들지 않을까. 예를 들면 이런 것이다. 보통은 회사에서 업무 지시를 받으면 짜증부터 낸다. 귀찮고, 하기 싫은 마음이 제일 먼저 작용하기 때문이다. 이때 마음가짐을 이렇게 바꾸는 것이다. '이 업무는 나를 어떻게든 성장시켜줄 거야. 감사한 일이야'라고 말이다. 이런 식으로 삶을 대하는 마음의 습관을 바꿔야 운명도 개선할 수 있다.

명리학을 공부한 지 삼 년이 넘었다. 지금은 다른 사람의 사주를 봐주는 것보다 공부 그 자체가 재미있다. 무엇보다 다양한 사람들의 사주를 책으로 접하면서, 나와 다른 것에 대해 인정하는 마음의 아량을 키울 수 있었다.

우리는 보통 자신이 상식에 근거해 행동한다고 생각한다. 그래서 자기 기준에 맞지 않게 행동하는 사람을 보면 문제가 있다고 판단한다. 상식에서 벗어난 사람이라고 치부한다. 그런데 다양한 사람들의 운명을 공부하면서 나와 다를 수 있다는 것부터 깨달았다. 그리고 다름을 인정하는 순간부터 나와 다른 것은 그냥 다른 것이지 틀린 것이 아님을 차츰 이해하게 됐다. 어느 순간부터는 나와 맞지 않는다고 여겼던 사람을 대하는 일이 어렵게 느껴지지 않았다.

나와 다름을 인정하는 태도, 세상의 다양성을 받아들이는 관점, 이것이 철학의 근간이다. 인간과 세상을 바라보는 관점이 인생관을 만들고, 나만의 철학을 확립시킨다. 지금은 틈틈이 주역을 공부하고 있다. 운명을 알기 위해 시작한 공부가 세상을 바라보는 올바른 관점과 인생 철학을 세우는 데 도움을 줬다.

아침에 업무를 시작하기 전에 유명한 철학자들이 쓴 책 한 페이지를 읽는다. 철학이라는 것은 보편적 진리를 담고 있다. 철학자들이 보편적 진리를 찾아내고, 우리에게 가르침을 줄 수 있는 까닭은 다름을 인정하기 때문이다.

이제는 조금 알 것 같다. 《리딩으로 리드하라》에서 왜 고전을 공부하라고 했는지 말이다. 고전을 통해 세상의 변하지 않는 이치를 이해하고, 이를 통해 나만의 철학을 갖출 수 있기 때문이다. 여러분도 하루에 한 페이지라도 유명한 철학자들의 책을 읽어보길 바란다. 가랑비에 옷 젖듯 마음이 열릴 것이다. 바로 이것이 자신의 운명을 개선하는 첫 번째 방법이다.

상식이 운을 만든다

'상식이 통하는 사회'라는 광고 문구를 한 번쯤 들어본 적이 있을 것이다. 이 사회를 살아가는 사람들이 상식을 잘 몰라서 이런 광고를 하는 것이 아니다. 사실 나를 포함한 대다수가 자신이 상식에 맞게 행동한다고 믿는다. 하지만 가장 기본적인 상식을 알면서도 무의식중에 지키지 않을 때가 의외로 많다는 것을 모른다.

나 역시 상식에 어긋나는 행동을 하고 있었다. 부끄러운 일이지만, 담배꽁초를 아무 데나 버린 적이 많다. 길거리에서 음식물을 먹거나 음료수를 마시고 나서 쓰레기를 갖고 다니기 귀찮아, 주변에 사람이 없다 싶으면 아무 곳에나 버리는 등 비상식적으로 행동한 경우도 비일비재했다.

　김승호 저자의《돈보다 운을 벌어라》라는 책을 읽은 적이 있다. 사람들 대부분이 돈을 쫓는데, 돈을 얻기 위해서는 그보다 먼저 운을 벌어야 하고, 그 운을 받아들이는 방법을 알고 있어야 한다는 내용이다. 운을 불러들이기 위해 개인이 남다른 의지로 노력해야 하는 부분도 있었지만, 이 책에서 알려준 내용의 절반 이상은 우리 모두가 아는 상식선에서 지켜야 하는 행동들이었다. 책에서 언급한 몇 가지를 소개하자면 다음과 같다.

> 큰 일이든 작은 일이든 항상 공공의 이익을 추구하라.
>
> 나를 변화시키되, 남들에게 겸손하라.
>
> 약속을 지키지 않는 것은 하늘을 속이는 것과 같다.
>
> 당장 눈앞에 있는 어려운 사람조차 애써 외면한다면 어찌 하늘이 그를 외면하지 않겠는가.

　요약하자면 공동체의 규범을 지키고, 겸손함을 잃지 않고, 사람과의 약속을 지키고, 약자를 보호하라는 말이다. 모두 어렸을 때

배워서 아는 상식적인 내용이다. 책 내용의 절반 이상이 상식을 지키면 할 수 있는 것들로, 확률적으로 따지면 책에서 시키는 내용 절반만 실천해도 나에게 들어오는 행운의 50퍼센트를 얻을 수 있다. 즉 상식만 지켜도 개운할 수 있는 확률이 50퍼센트나 된다.

이 책이 아니더라도, 행운을 부르는 방법에 관한 책들을 읽어보면 모두 비슷한 내용을 다루고 있다. 본인이 의지를 갖고 개선해야 하는 부분도 있지만, 절반 이상은 흔히 아는 상식선의 행동을 요구한다. 익히 아는 상식적인 행동만 한다면 행운이 온다고 말할 수 있다.

나는 당장 담배꽁초를 길바닥에 버리는 행동부터 고치기로 했다. 꽁초는 다시 담뱃갑에 넣어서 휴지통이 보이면 버렸다. 음식물을 먹고 난 쓰레기 역시 잠시 호주머니에 넣고 다니다 쓰레기통이 보이면 버렸다. 상대가 누구든 약속 시간보다 먼저 도착하려고 노력했다. 공공의 이익을 추구하고, 어려운 사람들을 돕기 위해 적으나마 기부도 했다. 막상 실천해보니 별로 어려운 일도 아니었다. 사실 상식적인 행동은 어떤 의식을 갖고 해야 할 만큼 어렵지 않다. 정확하게는 조금만 신경 쓰고, 약간 귀찮으면 된다.

내가 이 책에서 지속적으로 강조하는 실천 독서법의 기본은 실생활에 적용하기 가장 쉬운 것부터 직접 해보는 것이다. 우리가 아는 상식적인 행동을 하는 것이야말로 제일 실천하기 쉬운 책 내용이 아니겠는가. 그런데 왜 우리는 실천하지 못하고 어려워하는가? 사실 무의식중에는 이런 행동들을 실천할 수 없다. 예를 들어 쓰레기를 아무 곳에 버린다고 해보자. 보통 사람들은 우선 주변에 쓰레기통이 없는지 찾는다. 쓰레기통이 보이지 않으면 잠시 머뭇거린다. 그러다가 주변에 지켜보는 사람이 없으면 쓰레기를 바닥에 버린다. 잠시 우물쭈물한다는 것은 이 행동이 상식에 어긋남을 안다는 증거이다.

할지 말지 고민하는 행동 대부분이 이와 비슷하다. 그럼 간단하지 않을까? 그런 고민을 하는 순간, 깨달으면 된다. 하지 않는 것이 정답이다.

상식적으로 행동하기 위해 노력하고부터 운이 좋아졌을까? 나는 그렇다고 믿는다. 실제로도 주변에서 정말 운 좋다는 이야기를 자주 듣는다. 지난 사 년간 기억에 남는 나쁜 일이 없다. 대신에 운이 좋아 어려운 일을 쉽게 헤쳐 나갔거나, 생각지도 못한 주변의 도움으로 목표를 달성한 사례도 있다.

상식적인 행동을 한다는 말은 내가 살아가는 데 있어 부끄러움이 없다는 뜻이다. 나 자신의 행동이 떳떳하면 주위 사람들의 신뢰가 쌓이고, 이러한 신뢰는 내가 어떤 어려움에 처하더라도 도움을 받는 운을 부른다.

여러분도 책을 읽으면서 상식적인 행동을 지속적으로 리마인드하고, 또 실천해보라. 그럼 점점 예상치 못한 행운이 찾아올 것이다. 그리고 어느덧 누구보다 운이 좋은 사람이 되어 있을 것이다.

마음의 건강뿐 아니라
몸의 건강까지 되찾다

2018년 여름이었다. 당시 읽던 책에서 알려준 운을 부르는 방법 중 이런 내용이 있었다.

운이란 사람을 통해 들어온다. 사람을 많이 만나고 교류해야만 하늘도 그를 돕는다.

그동안 책을 중심으로 계획된 삶을 살다 보니 사람들과의 만남에 소홀하지 않았나 하는 생각이 들었다. 또 책이 다양한 지식을 준다고 해도, 어떤 일을 하려면 반드시 사람을 통해야 한다. 다양하게 교류해야 내가 남에게 도움도 주고, 또 도움도 받으면서 하는 일이 더 잘될 수 있다고 느꼈다. 그동안 만나온 사람들 말고도 좀 더 다양한 사람들을 만나기 위해 노력할 필요가 있었다.

그런데 나는 그다지 외향적이지 않다. 익숙하고, 친근한 사람들과 있을 때는 어느 정도 말도 잘하고 분위기를 이끌기도 하지만, 전보다 많이 나아졌음에도 처음 대하는 사람들에게는 쉽게 말을 붙이지 못한다. 책을 읽고 나서 다양한 분야의 사람들을 만나면 다양한 식견을 배울 수 있다고 생각하고, 처음 보는 사람에게도 전보다 마음을 쉽게 열려고 노력했다. 또한 새로운 사람과의 만남을 즐기려고 했다. 원래 친한 사람들과 만나 술을 마시며 이야기하는 것을 좋아했기에, 마음을 이렇게 먹고 나서는 새로운 사람과 만나는 자리에 자주 참석하며 어울렸다.

계획에 맞춰 생활하고, 다양한 사람들과의 모임에도 참석하면서 식견도 넓어지는 것 같았다. 그런데 문제가 생겼다. 모임에서 술을 많이 마시다 보니, 아침에 꾸준히 운동하며 관리했음에도 몸이 전과 같지 않았다. 심지어 과음하는 바람에 살까지 쪘다. 평소 몸무게를 68~70킬로그램으로 유지했는데, 어느 날 재보니 75킬로그램에 육박했다. 역대 최고치였다.

살을 빼야겠다고 다짐하던 차에 《지방 대사 켜는 스위치온 다이어트》라는 책이 내 눈길을 사로잡았다. 많은 사람을 만나다 보면 운명 같은 만남이 생기듯이 책 또한 다르지 않다. 많은 책을 읽다 보면 나의 운명을 바꿔주는 책들을 발견하게 되는데, 이 책이 내 건강에 대한 운명을 바꿔줬다.

지금까지 살면서 다이어트의 필요성을 전혀 느끼지 못했다. 매일 3,40분씩 운동해왔고, 키 175센티미터에 몸무게 70킬로그램이하면 나름 괜찮다고 생각했다. 또 자기 관리를 잘한다고 자부심을 갖고 있기도 했다.

그리고 내가 아는 다이어트란 평소에 채소, 과일 같은 저칼로리 음식 중심으로 먹고, 운동을 많이 하면 됐다. 그래도 무슨 내용을 담고 있는지 읽어나 보자는 심정으로 책을 뽑아 들었다. 얼마 전에 KBS 〈생로병사〉에서 저자인 박용우 박사를 본 기억도 책을 선택하는 데 영향을 미쳤다.

다소 이해하기 어려운 의학 용어가 중간중간 나오긴 하지만, 탄수화물이 어떻게 체지방으로 축적되고, 살을 빼려면 왜 탄수화물을 절제해야 하는지 그 원리를 알기 쉽게 설명하고 있었다. 원리를 이해하니 왜 라면, 과자 등이 다이어트의 적인지 이해할 수 있었다. 흔히 생각하는 칼로리의 문제로 단순하게 접근해서는 안 됐다.

또 이 책에는 삼 주 다이어트 코스가 소개돼 있다. 당연히 실천했다. 솔직히 쉽지는 않았다. 그렇지만 내 몸 상태에 대해 절박한

심정이었기에 노력했다.

　방법은 대략 이렇다. 다이어트를 시작하고 첫 사흘이 가장 큰 고비이다. 아침, 점심, 오후 간식, 저녁으로 단백질 파우더만 먹는다. 아침과 저녁에는 영양제, 유산균, 오메가3 등도 같이 먹지만, 우리가 흔히 음식이라고 생각하는 것은 절대 먹지 않는다. 심지어 블랙커피까지 금지이다. 나흘째부터 점심 한 끼가 추가되는데, 단백질 음식과 야채(당이 있는 과일 제외) 위주로 먹는다. 이 주 차부터는 점심과 같은 규칙에 따라 저녁을 먹을 수 있고, 삼 주 차부터는 오후 간식으로 바나나, 견과류 등이 허락된다. 책을 직접 자세히 읽어보길 강력 추천한다.

　삼 주간 책에 적힌 대로 실천하고 어떻게 변했을까?

　우선 몸무게가 74.8킬로그램에서 67.5킬로그램으로 약 7킬로그램 감소했다.

　더욱 놀라운 것은 체지방이 19.4킬로그램에서 14.7킬로그램으로 거의 5킬로그램 감소했다는 것이다. 감량할 때 가장 큰 문제가 근육이나 수분이 빠지는 것이다. 그런데 감소한 몸무게 7킬로그램 중 무려 5킬로그램 정도가 체지방이었다.

　또한 부수적으로 피부가 몰라보게 좋아졌다. 다이어트를 하는 내내, 사람들이 전과 다르게 피부가 너무 좋아졌다고 한결같이 말했다.

외형적인 변화뿐 아니라, 내면적으로도 몸이 가벼워지고 새로워진 것을 느낄 수 있었다. 이후 이 책을 주변 사람들에게 많이 추천해줬다. 여러 사람이 실천하면서 나와 같은 변화를 느꼈다. 어떤 지인은 고혈압이었는데, 책이 시키는 대로 하는 동안에는 혈압 약을 먹지 않아도 될 만큼 혈압 수치가 정상으로 돌아왔다고 한다. 이렇게 한번 해본 사람들은 다시 다른 사람들에게 추천해줬다고 들었다.

전에는 믹스커피, 캔 커피, 초콜릿 등을 즐겨 먹었다. 몸에 좋지 않은 것은 알았지만 '이거 하나로 큰 문제가 될까?', '다음 식사를 좀 적게 하면 되지'라며 대수롭지 않게 여겼다. 하지만 건강서를 읽고, 그런 음식이 왜 나쁜지 원리를 이해하고 나서는 딱 끊었다. 이제 누가 줘도 잘 먹지 않는다.

내 몸의 변화를 느껴보고 나서는 건강서를 틈틈이 읽으면서, 다들 어렴풋이 알지만 원리는 잘 모르는 건강 상식에 대해 깊이 있게 알려고 노력하고 있다. 내가 변화를 느껴서 그런지, 건강서가 전과 다르게 재미있게 다가왔다.

어떤 음식이 몸에 좋고, 몸에 나쁜지는 꼭 책을 읽지 않더라도 다들 잘 안다. 문제는 알면서도 먹는다는 것이다. 가끔 한 번은 괜찮겠지, 그동안 별 탈 없었으니 괜찮지 않을까 하면서 말이다. 건강서를 읽고, 그 내용을 실천하고 나서는 건강을 대하는 내 자세에 대해 다시 한 번 생각해보게 됐다.

건강을 잃는 순간, 모든 것을 잃는다고 한다. 너무나 잘 알면서도 지금 당장의 일이 아니라고 치부해버린다. 사실 건강을 유지하는 가장 기본적인 방법은 식습관에 있다. 알면서도 지키지 못하는 것은 그냥 나쁘다고만 알고 있지, 그 근본 원리를 제대로 모르기 때문이다.

건강을 유지하고 싶은가? 건강을 되찾고 싶은가? 시중에 떠돌아다니는 잘못된 정보보다 제대로 된 책 한 권을 읽으라. 그 원리를 이해하면 실천하기도 더 쉬워진다. 건강서는 여러분에게 건강하게 살 행운을 거저 주고 있다.

무의식의 힘을 깨닫다

나이가 들면 눈물이 잘 흐르지 않는다고 한다. 실제로 나이를 먹을수록 눈물샘이 마르기 때문에 같은 감동을 받아도 흘리는 눈물이 적어진다.

나 역시 세월을 비켜 가지 못하는 것 같다. 어느 순간부터 비슷한 감동을 받아도 젊었을 때에 비해 눈물까지 흘리는 일이 거의 없으니 말이다. 중학교 때 《나의 라임오렌지나무》를 읽고 울었던 기억이 있다. 책을 읽고 눈물을 흘린 것은 그때가 처음이자 마지막인 것 같다.

2019년, 나의 눈물샘을 자극한 책이 있다. 한상복 저자의 《배려》라는 책이다. 2006년에 출간됐는데, 10년이 훨씬 넘도록 사랑받고 있다. 이 책은 감동을 자아내는 전형적인 스토리를 담고 있다. 잠깐 책 내용을 소개해보겠다.

주인공 '위'는 회사에서 최연소로 승진한, 이기적인 사람의 표상이다. 위가 구조조정 대상 부서로 이동하는데, 그 목적은 팀 와해이다. 한편 가정을 등한시하는 위를 더 이상 참지 못한 아내는 집을 나가 이혼을 통보한다. 위는 이동한 부서의 팀원들과 부딪치다가 차츰 진심 어린 마음으로 사람들을 대하는 팀원들을 보고 자신이 뭔가 잘못 살아왔음을 느낀다. 결국 자신과 정반대로 사람들을 진심으로 대하는 팀원들과 한마음이 되어 문제를 해결하고, 가정도 되찾는다.

책을 읽는 초반부터 주인공이 처한 상황이 낯설게 느껴지지 않았다. 과거 내 모습과 많이 오버랩됐다. 성공하고 싶어 하고, 후배 사원들을 무섭게 대하고, 다른 팀으로 발령을 받고 절망하는 주인공이 얼마 전 내 모습과 비슷했다.

주인공이 와해시키려고 간 부서의 사람들과 동화되고, 주변 사람들을 진심으로 대하는 팀원들의 행동에 자신의 과거를 돌아보는 부분은 내가 책을 읽으면서 인생을 되돌아보고, 변화하려고 노력하는 모습과 닮았다고 느꼈다. 그리고 책의 마지막에 주인공이

악의 무리에서 탈출해 행복한 가정을 되찾는 부분을 읽었을 때는, 내가 그렇게 된 것처럼 느껴지면서 눈물이 왈칵 쏟아졌다.

재테크서든 자기계발서든 인문학서든, 그 책의 저자가 나와 꼭 같다고 느낄 때가 있다. 저자의 이야기가 나의 이야기인 것 같은 착각이 들 때가 있다. 책에서 말하는 실패 사례가 나의 실패 사례와 비슷한 것 같고, 어려움을 극복해나가는 일은 지금 내가 겪고 있는 상황과 유사하다고 느낀다. 이처럼 책에 몰입하면, 그가 내가 되고 내가 그가 되어 이야기가 전개된다. 책은 항상 긍정과 희망의 메시지를 담고 있다. 그래서 책을 읽고 나면, 나와 그는 항상 고난과 역경을 이겨내고 성공하여 정상의 자리에 서 있다.

인간은 주변 환경의 지배를 받는다고 한다. 이스라엘에서 한 가지 실험을 했다. 무작위로 두 그룹으로 나눈 다음, 각기 다른 선생님에게 수업을 듣게 했다. 편의상 A, B 그룹이라고 하자.

교육을 시작하기 전, 선생님들에게 사전 정보를 줬다. A그룹을 가르치는 선생님에게는 A그룹 아이들의 학업성적이 우수하다고 했다. B그룹을 가르치는 선생님에게는 학업성적이 다소 뒤떨어지는 아이들을 모았다고 했다. 한 학기가 지나고 평가해보니, A그룹 성적이 B그룹보다 월등히 뛰어났다.

그제야 선생님들에게 학업성적에 따라 A, B 그룹을 나누지 않았다고 알려줬다. 무작위로 배정했다고 하니, 두 선생님 모두 믿지 않았다. A그룹 선생님은 A그룹 아이들이 다른 아이들보다 확실히 우수했다고 했다. B그룹 선생님은 담당했던 아이들이 확실히 다소 뒤처지더라고 했다.

이처럼 사람들은 진실보다 때로 무의식 속 내용을 믿는다. 그 결과, 무의식 속에서 형성된 믿음의 결과가 실제 행동으로 나온다.

재테크서를 읽다 보면, 해당 분야를 심도 있게 다루는 책도 있지만 개인의 성공 사례를 주로 담은 책도 많다. 간혹 본인이 아닌 다른 사람의 사례를 가져다 쓴 경우도 있다고 한다. 하지만 누군가의 성공을 간접적으로라도 배울 수 있다면 좋지 않겠는가. 책에서 하나라도 배울 수 있고, 실천할 만한 좋은 내용이 있다면 이 또한 나쁘지 않다.

독서 초창기에는 전문서보다 성공 사례가 담긴 책들을 읽어보길 추천한다. 뻔한 이야기일 수도 있다. 어려웠던 과거부터 시작해 이를 이겨내는 과정과 성과를 알려준다.

사실 어떤 분야를 공부하기 위해 독서를 시작할 때는 누구나 초보자 과정을 거칠 수밖에 없다. 자주 성공 사례를 접하고, 많은 희망의 메시지를 받으며, 나도 해볼 수 있겠다는 식의 쉬운 접근이 필요하다. 성공 사례를 읽으면서 동질감을 느끼고, 자신감을 지속적으로 얻을 필요가 있기 때문이다.

책으로 부동산 경매를 공부한다고 생각해보자. 사실 어렵게 하려면 한없이 어렵지만, 쉽게 시작할 수도 있는 것이 또 경매이다. 말소기준권리와 임차인의 대항력 정도를 정확하게 파악하면 경매 물건의 90퍼센트는 어렵지 않게 접근할 수 있다. 그런데도 굳이 제대로 해보겠다고, 민법부터 공부한다거나 권리관계가 복잡한 특수물건부터 공략한다고 하면 그건 100퍼센트 실패하는 공부법이다.

접해보지 않았던 분야의 책을 읽고 싶다면, 우선 성공한 사람들의 이야기를 쉽게 쓴 책부터 읽어보라. 나중에 본인의 지식이 쌓이고 나면, 그들의 이야기가 별거 아닐 수 있다. 그렇게 느끼는 때가 되면, 여러분의 독서 실력이 그만큼 늘었다는 이야기이다. 그 책이 잘못된 것이 아니고 여러분을 칭찬해줘야 한다.

쉬운 책을 많이 읽으면서 성공담에 푹 빠져보라. 그리고 저자의 어려움에 같이 힘들어하고, 저자의 성공에 같이 기뻐하라. 책을 읽을수록 자신이 성공할 수 있을 거라는 믿음이 무의식중에 계속 생긴다. 이러한 무의식 속에 생긴 믿음은 여러분이 지치지 않고 나아갈 수 있는 힘을 만들어주는 커다란 삶의 원동력이 되리라 확신한다.

전쟁의 승패는 싸우기 전 기싸움으로 이미 판가름 난다고 한다. 책을 읽을 때는 마음을 열고 받아들이는 마음가짐으로 읽으라고 했다. 기왕 마음을 열기로 했으니, 저자와 교감하려고 노력해보라. 그럼 저자의 성공을 무의식적으로 자신의 성공처럼 기뻐하게 될 것이다. 어려움에 처한 상황에서는 같이 극복하는 과정을 마음에 담아보라. 그럼 나중에 그 성공이 진짜로 본인의 성공으로 돌아올 것이다. 책이 선물해주는 무의식적인 성공의 힘을 받아보도록 하라.

상대를 배려하면 더 큰 것을 얻는다

3장 마지막 부분에서 '책에서 말한 돈 벌기 쉬운 방법'으로 기부에 대해 설명했다. 성공한 사람들은 성공을 해서 기부한 게 아니라, 기부해서 성공했다고 표현했다. 앞서 이야기했지만, 흔히들 생각하는 금전적인 것뿐 아니라 재능 나눔도 기부이다.

나는 독서로 삶이 변하는 것을 느끼며 마음을 열었다. 내가 가고 있는 길이 맞는다는 확신이 들면서 주변 사람들에게 독서가 주는 긍정적인 효과를 널리 알리고 싶었다. 특히 사회생활을 하면서 부정적인 요소에 길들어버린 동료들에게 긍정의 마음과 새로운 인생의 길, 자신이 진정 꿈꾸는 삶을 독서라는 수단을 통해 얻을 수 있다는 확신을 심어주고 싶었다.

독서가 주는 신비한 힘을 조금씩 알아갈 무렵이다. 나의 인생에 전환점을 가져온 《부의 추월차선》과 《부자 아빠 가난한 아빠》를 다섯 권씩 사서 친한 지인들에게 나눠줬다. 내가 그 책들을 읽으며 받은 새로운 세상에 대한 느낌을 그들도 느끼길 바랐다. 또한 이를 계기로 독서의 세계에 빠져들어 삶을 바꿔보길 바라는 마음에서 진심을 담아 꼭 읽어보라 했다.

지인들이 그 책들을 다 읽었는지 물어보지는 않았다. 다만 그들로부터 그 책에 대한 어떠한 피드백도 받지 못했다. 사람마다 생각하는 것이 다르니 책을 전부 읽었어도 다르게 받아들일 수 있겠구나 하고 생각했다. 그래도 살짝 아쉬움이 남는 것은 사실이었다.

한상복 저자의 《배려》라는 책 외에도 자기계발서들을 보면, 좋은 글귀를 주변 사람들과 공유하는 내용이 자주 나온다. 좋은 글귀를 매일 아침마다 사람들에게 메일로 공유하면서 읽는 사람과 함께 뿌듯함을 느낀다는 점을 강조하고 있다. 문득 이러한 공유가 책 한 권보다 더 좋은 선물이 될 수도 있다고 생각했다. 아무리 좋은 이야기라도 그에 맞춰 한번에 바꾸려 하면 실패하기 쉬운 법이다. 즉 사람들에게 매일 책에서 읽은 좋은 내용을 공유하는 것이 더 부담 없이 접근할 수 있는 방법이라고 생각했다. 그리고 좋은 한 문장의 여운이 책 한 권의 감동보다 더 클 때도 있는 법이다. 그래서 매일 아침에 출근하면 전날 읽은 좋은 글을 주변 사람들에게 공유하기 시작했다. 이런 작은 행동도 베푸는 삶의 한 가지 방법이라 생각하고 꾸준히 해왔다. 그런데 알고 보니 다른 사람보다 나에게 더 도움이 됐다.

우선 다른 사람들에게 좋은 내용을 전하려면 내가 먼저 항상 좋은 글을 읽어야 한다. 이것이 나를 위한 첫 번째 베풂이다. 좋은 것을 나누면 배가된다고 한다. 좋은 생각을 공유하는 것으로 시작하는 아침은 정말 뿌듯하다. 이 뿌듯함이 나를 위한 두 번째 베풂이다. 다른 사람들에게 공유하면서 좋은 내용을 다시 상기한다. 이것이 나를 위한 세 번째 베풂이다.

출장이 길거나 휴가여서 좋은 글을 보내지 못하면 사람들이 왜 보내지 않느냐고 물어보기도 한다. 내가 보내준 글을 읽으면서 하루를 시작하는 게 기분 좋고, 기다려진다는 피드백도 해줬다. 출근해 좋은 글을 써서 메일을 보내는 데는 일이 분 정도밖에 걸리지 않는다. 대수롭지 않은 일이지만, 아침마다 큰 보람을 느낀다.

이처럼 베푸는 삶이 결국 남보다도 나를 더욱 위하는 일이라는 것을 깨달았다. 때로는 그동안 메일로 보냈던 좋은 글들을 모아

프린트해서 나눠주기도 했다.

왕릉, 일출 등 흔히들 생각하는 아름다운 풍경은 좋은 기운을 가져다준다고 설명하는 책을 읽었다. 그래서 여행을 갔을 때 책에서 말한 풍경을 보면 사진을 찍어서 주변 사람들과 공유했다. 메신저로 공유하는 것만으로는 아쉬움이 남아서 사진들을 코팅해 나눠주기도 했다. 사람들은 그 사진들을 컴퓨터나 책상 앞에 걸어놓는다. 가끔 그들 자리를 지나갈 때마다 내가 준 사진을 보며 좋은 기운을 받는다. 내가 나눠준 좋은 기운을 지나다니며 내가 항상 받고 있는 것처럼 말이다.

책을 읽으며 습득한 지식은 주변 사람들의 고민도 같이 이해하고 교감을 나누는 힘을 줬다. 나를 찾아와 같이 차 한잔하며 이야기를 나누면 기분이 좋아졌다고 말하는 사람들이 있다. 그들의 고민을 들어줬지만 실은 내가 더 행복해진다. 나는 사람들에게 베풀겠다는 마음으로 책의 좋은 내용들을 공유했지만, 실은 내가 그들로부터 더 많은 사랑을 받고 있었던 것이다.

독서로 쌓은 지식을 공유하고 싶어 시작한 나눔인데, 내가 누구보다도 제일 많이 받고 있었다. 세상의 돈은 돌고 도는 것이라고 했고, 세상의 운도 돌고 도는 것이라 했다. 돌고 돌 때의 기본은 내가 얼마나 진심을 담아 상대와 나눌 수 있느냐이다. 책으로 쌓은 지식을 항상 베풀어보라. 여러분이 나누어준 진심은 더 커다란 행복으로 돌아온다. 이것은 독서가 여러분에게 주는 또 다른 선물이다.

책에서 얻은 지식,
나눔으로 행운을 얻다

학부모라면 한 번쯤 하브루타 교육법에 대해 들어봤을 것이다. 하브루타 교육법이란 친구를 의미하는 히브리어인 '하베르'에서 유래한 용어로, 《탈무드》를 공부할 때 쓰이는 토론식 학습법이다. 조금 더 자세히 말하면, 학생들끼리 질문을 주고받으며 교육 내용에 대해 토론하는 유대인의 전통적인 교육 방법이다. 이때 선생님과 학생처럼 수직적 관계가 아닌, 배우는 사람 모두가 대상이 된다. 나이, 성별, 직위 등에 차이를 두지 않고 토론하는 것이 이 교육의 가장 큰 특징이다. 나보다 나이가 많고 적거나, 사회적 지위가 높고, 낮거나 하는 것은 중요하지 않다. 주제에 대해 누구보다 잘 알면, 그 사람이 그 분야의 스승이 된다.

토론식 교육이 지식을 일방적으로 전달하는 주입식 교육과 비교해 다방면에서 우수하다는 것은 굳이 다양한 연구 사례를 들지 않더라도 모두 인정할 것이다. 또한 사회에서 중추적인 역할을 하는 30대 이상이라면 살아온 경험을 통해서도 알 것이다. 뭔가를 배울 때 단순히 듣는 것만으로는 뇌 속에 지식이 쌓이지 않는다. 배운 내용에 대해 직접 문제를 겪고, 해결책을 찾고, 그 경험을 다른 누군가에게 가르쳐줄 때 확실히 머릿속에 남는다. 어떤 방법으로든 지식을 활용해봐야 한다.

사회 분위기가 과거와 많이 달라졌다고 하지만, 아직 우리 사회에서는 토론식 문화를 적용하기가 쉽지 않은 것이 사실이다. 나이나 직위에 따른 위계질서를 중시하고, 겸손이 미덕이라고 생각하는 중년 이상의 세대들에게 토론은 익숙하지도 않고, 받아들이기도 쉽지 않다. 공부나 지식을 습득하는 데 있어서 일방적으로 받아들여야 하는 분위기를 당장 바꿀 수 없다면 차선책이라도 찾아야 한다.

좋은 방법이 하나 있다. 바로 내 지식을 남에게 전달해주는 방법이다. 내가 배우고, 습득한 지식을 다른 사람들에게 전달하면서 재학습하는 방법이다.

나는 중학교, 고등학교 시절에 수학을 곧잘 했다. 그래서 자습시간에 주변 친구들이 어려운 수학 문제를 많이 물어봤다. 간혹 정말 어려운 문제를 물어보면 상당히 당혹스럽기는 했다. 하지만 어렵게 그 문제를 풀어내고 친구에게 설명해주면, 내가 혼자 어려운 문제를 풀었을 때보다 확실히 이해가 잘됐다. 직접 문제를 풀어보면서 한 번 이해하고, 그 내용을 친구에게 다시 설명하는 과정에서 한 번 더 머릿속에 각인했기 때문이다.

내가 본격적으로 생존 독서를 한 지 이 년이 넘어갈 무렵으로, 독서가 생활에 미치는 긍정적인 시그널을 받고 있을 때였다. 독서로 얻은 다양한 지식을 사람들과 공유해서 같이 성공하면 좋겠다고 생각했다. 무엇보다 내가 독서를 통해 삶이 달라짐을 느꼈고, 좋은 성과도 많이 이뤘기 때문이다. 우선 주변 사람들과 재테크 지식을 공유하기로 했다. 사람마다 처한 환경이나 상황이 다르므로 같은 상품에 투자한다 하더라도 각자 다른 결과가 나올 수밖에 없다. 투자를 하다 보면, 나 역시 겪어보지 못한 일들이 발생할 때도 있다.

특히 부동산 관련 세금 부분은 특수성이 심하다. 물론 세무사에게 상담을 받고 결정을 내리라고 말하지만, 상담을 받기 전에 내가 아는 선에서 조언해주기도 한다. 이 과정에서 나는 지식을 전달하면서 간접 경험으로 새로운 것을 익히게 된다. 투자 학습에 있어서 제일 좋은 방법은 직접 투자를 많이 하면서, 다양한 경험을 쌓는 것이다. 그런데 마르지 않는 샘물처럼 돈이 매일 솟아나는 것도 아니고, 이것저것 투자해보면서 모든 상황을 전부 경험할 수는 없다. 다양한 사례를 접하면서 배우는 게 차선인데, 나는 자연스럽게 독서를 통한 지식 나눔을 실천해가면서 간접 경험으로 배우고 있었다.

《지방 대사 켜는 스위치온 다이어트》를 읽고 여러 사람들에게 추천해줬다는 이야기도 앞에서 했다. 내가 추천해준 사람들 중 두 사람은 고혈압이라 혈압 약을 먹고 있었다. 그런데 탄수화물을 줄이니 약을 먹지 않고도 혈압이 떨어져 정상치를 유지하고 있다고 말해줬다.

몇 년 전에 아버지가 뇌출혈로 쓰러지신 적이 있다. 당연히 그때 이후로 꾸준히 혈압 약을 복용하신다. 건강서를 찾아보니, 탄수화물의 당 성분이 혈압과도 관련이 있었다. 아버지께도 식습관을 조절하면 얼마든지 정상 혈압이 될 수 있다고 말씀드렸다. 다만 밥심으로 살아간다고 외치시는 분이라, 당장 탄수화물을 확 줄이는 게 쉽지는 않았다. 아침에 드시는 커피믹스는 설탕을 줄이는 쪽으로, 빵이나 과자는 먹지 않는 것으로 타협했다. 현재는 전보다 건강이 많이 좋아지셔서, 강도가 많이 약해진 혈압 약으로 처방받으신다.

결국 내가 다른 사람들에게 베푼 독서 지식은 피드백을 통해 나의 독서 지식을 더욱 단단하게 만들어주는 역할을 했다. 내가 학창 시절에 수학 문제를 친구들에게 가르쳐주고 더욱 지식의 범위를 넓혀갔던 것과 같은 효과를 보고 있다. 조그마한 눈덩이가 굴러가면서 점점 빠르게 커지듯이 나의 지식도 더욱더 빠르게 쌓여간다는 것을 느낀다.

인생을 바꾸려면 세 가지를 바꾸라고 한다. 시간을 달리 쓰거나, 사는 곳을 바꾸거나, 새로운 사람을 만나거나. 이 중에서 더욱 다양한 사람들을 만나고 싶은가? 그렇다면 당신이 먼저 그들에게 필요한 사람이 되어야 한다. 당신이 먼저 다가가 도와줄 수도 있지만, 사람들이 지식을 구하러 당신을 찾아오게 만들 수도 있다.

내게 있어 그 시작은 바로 독서였다. 내 인생을 바꾼 모든 출발점에 항상 독서가 있었다. 독서로 지식을 나누면서 자연스럽게 얻게 된 행운이다.

5장 책 읽기가 만들어준 행운들

삶의 기적이 찾아오기까지

지금까지 독서가 내 삶에 준 것들은 선물 그 이상의 기적이었다. 살면서 책 한 권을 제대로 읽어보지 않았고, 독서를 시간 낭비하는 취미 생활이라고 생각했던 내가 독서로 삶을 바꿀 수 있다고 말하고 있는 것이 신기할 따름이다. 물론 책 한 권으로 인생에 기적을 불러올 수는 없다.

무엇이든 꾸준하면 이루지 못할 것이 없다고 하지 않았는가. 지속할 수 있는 힘을 얻는 데 있어서 누구의 조력을 받느냐가 정말 중요하다. 지금 세상은 한 가지 분야에서만 뛰어난 사람보다 다양한 분야에 해박하며, 지식을 연결할 수 있는 사람을 원한다. 다양한 분야의 지식을 융복합할 수 있어야 성공할 수 있는 시대이다.

우리가 새로운 분야를 배우고 싶을 때 좋은 스승을 만난다면, 이보다 좋은 방법은 없다. 하지만 각 분야의 전문가를 찾아다니며 지식을 습득하는 것은 현실적으로 쉽지 않다.

그다음으로 최선의 대안이 바로 독서이다. 책이 인생 최고의 스승이 될 수 있다는 것은 다양한 사례를 통해 이미 증명했다.

독서를 통해 이룬 첫 번째 기적은 바로 내 인생의 꿈을 찾고, 많은 목표를 달성했다는 것이다. 그동안 나는 영화 〈매트릭스〉에서처럼 누군가가 만들어놓은 세상에 갇혀 기계같이 살아왔다. 그런데 책이 내가 어떤 존재이며, 살아가는 데 무엇이 필요하고, 어떻게 해야 할지를 깨닫게 해줬다. 주인공 네오가 파란색 알약을 먹고 누군가가 만들어놓은 가상의 세계에서 벗어나 세상의 진실을 찾아낸 것과 마찬가지로 진짜 내 인생을 찾았다.

연말이 되면 나는 한 해의 인생 계획을 점검하고, 달성한 내용을 볼펜으로 하나씩 지워나간다. 또 기존 계획을 점검하면서, 추가로 더 높은 계획을 세운다. 주인공 네오가 가상현실에서 깨어나 현실 세계로 와서 무엇을 해야 할지 목적이 생겼듯이 말이다. 주인공 네오 옆에 조력자 모피어스가 있었다면, 내 옆에는 책이 있다.

독서를 통해 이룬 두 번째 기적은 돈 버는 방법을 배우고, 실제로 돈을 벌었다는 것이다. 나는 가진 물고기 없이 사회생활을 시작했다. 자라면서도 물고기 잡는 법을 배우지 못했다. 그때까지 배워온 지식들은 물고기 잡는 법이라고 포장된 가짜 지식들이었다.

사회생활을 하면서 배운 것은 시키는 대로 하면 죽은 물고기라도 받으면서 살 수 있다는 사실이다. 그런데 책에는 살아 있는 물고기를 잡는 다양한 방법이 제시되어 있었다. 물론 처음부터 쉽게 물고기를 잡은 것은 아니고, 많이 헤맸다. 하지만 책은 계속 잡을 수 있다는 희망의 메시지를 던져주면서 다양한 방법도 알려줬다. 이제 나는 살아 있는 물고기를 잡을 수 있는 능력을 키웠고, 몇 마리 잡아보기도 했다. 더 큰 물고기를 잡으러 먼바다로 나간다 해도 전처럼 막연한 무서움에 머뭇거리지는 않을 것 같다. 내옆에는 든든한 스승이자 조언자인 책이 있기 때문이다. 태풍이나 거센 풍랑이 일더라도 어떻게 피해야 하며, 어떻게 하면 극복할 수 있는지 가르쳐줄 스승인 책을 항상 옆에 두고 있다면 두려울 것이 없다.

독서를 통해 이룬 세 번째 기적은 자신감이다. 내가 꿈 목록을 쓰고, 인생 계획을 세울 때 직장이라는 틀을 벗어던졌다고 앞에서 설명했다. 또한 나는 직장 생활을 잘하기 위해 따로 읽은 책이 거의 없었다. 그런데 독서량이 늘어나면서부터 기적들이 직장 생활에 찾아왔다. 보고서 작성이 한결 수월해졌다. 마음가짐을 바꾸자 사내 교육을 받으면서도 독서의 효과를 느꼈고, 이를 업무에 다양하게 활용도 해봤다. 내가 더 알고 싶어 공부하기 시작한 경제와 그와 관련된 다양한 사회 지식들은 직장 생활에서의 내 눈높이를 경영층 수준에 갖다 놓았다. 또한 원만한 인간관계로 모든 직장인들이 꿈꾸는 스트레스 제로 상태를 유지하고 있다. 독서는 내가 어디에서든 당당하게 나설 수 있도록 나를 믿어주고, 지원해주는 부모와 같은 역할을 해주고 있다.

독서를 통해 이룬 네 번째 기적은 소소하지만 작은 행운의 선물들을 매일 받는다는 점이다. 나는 우연히 접한 명리학을 공부하면서 인생과 삶이 무엇인지 조금은 알게 됐다. 나와 다른 사람이 조금 다를 뿐이지 틀리지 않다는 삶의 교훈과, 항상 좋거나 항상 나쁜 인생은 없다는 사실을 배웠다.

책에서 가르쳐준 나눔은 오히려 나에게 더 큰 행복으로 매일 돌아오고 있다. 그리고 책에서 알려준 대로 실천했더니 건강이라는 선물도 받았다. 그렇게 독서는 나에게 마음의 건강뿐 아니라 몸의 건강까지 챙겨줬다. 책에서 얻은 새로운 삶을 다른 사람들과 공유하고 싶어서 시작한 좋은 글 나눔과 지식 나눔은 오히려 나를 더욱 위한다는 것을 느꼈고, 더 큰 행운으로 항상 되돌아온다는 것을 몸소 느끼고 있다.

나는 절대 특별한 사람이 아니다. 이 글을 읽는 여러분과 똑같은 직장인이고, 가정이 있는 사람이다. 매일 출근하기 힘들어하고, 퇴근하고는 피곤해 그냥 쉬고 싶은 생각만 든다. 여러분과 똑같은 한 인간이 책을 읽기 시작하고, 책 내용 중에서 쉬운 것부터 따라 하기 시작한 게 전부이다. 그리고 익숙해지면 또 쉬운 것 하나를 따라 하는 식으로 해왔다. 이렇게 사 년의 시간이 흘러서 확신이 드는 나만의 성공 방정식이 만들어졌다. 여기까지가 독서로 이룬 나의 삶의 기적이다.

다음 장에서는 어떻게 책을 읽는지, 나만의 방법을 소개할 것이다. 어려운 내용은 없다. 내가 소개한 방법을 실천할지 말지는 여러분에게 달렸다. 이제 여러분도 나처럼 독서를 통해 꿈을 꾸고, 돈을 버는 방법도 배워보고, 자신감을 얻어 스트레스 없는 직장 생활도 느껴보며, 매일 독서를 실천하면서 소소한 행운이 깃든 선물도 받기를 진심으로 바란다.

인생에서 기적을 일으키고 싶은가? 독서가 그 길로 인도해줄 것이라 확신한다.

─── 6장 ───

인생을 바꾸는 실천 독서법

일 년 동안 100권, 제대로 읽는 법

본격적으로 독서를 시작한 2016년부터 2019년까지 사 년 동안 400권 이상을 읽었다.

100권을 읽으니 다른 삶이 보였다.

200권을 읽으니 나의 위치를 깨달았다.

300권을 읽으니 삶의 방향을 찾았다.

400권을 읽으니 뭘 해야 할지 보이기 시작했다.

500권, 600권, 읽은 책이 늘어날 때마다 독서가 나에게 또 다른 삶의 의미를 던져주지 않을까?

사실 100권, 200권이라는 양보다는 다양한 책들을 지속적으로

6장 인생을 바꾸는 실천 독서법

읽으면서 인생에 대해 여러 가지 고민해보고, 그 속에서 삶의 방향을 찾으며 많은 시행착오를 겪고, 내가 가야 할 길이 무엇인지 알게 됐다는 시간적 의미가 강하다. 그렇다고 하더라도 무엇인가를 시작할 때 그것에 하나하나 의미를 부여한다면 목적지까지 가는 길이 좀 더 쉬워지지 않을까 싶다.

사 년 동안 400권 넘게 읽었으니 일 년에 평균 100권 이상은 읽었다는 뜻이다. 독서량이 늘어갈 때마다 삶의 변화를 느꼈기에 정말 책을 많이 빨리 읽고 싶었다. 그래서 '하루에 책 한 권 읽기' 독서법을 배우면 좋지 않을까 싶어 읽어봤다. 결론부터 말하면, 나에게는 맞지 않았다.

책에서 말하는 요지는 차례를 보고 핵심이나 흥미가 있는 부분 위주로 읽으라는 것이다. 사람마다 원하는 스타일이 제각각이니 이를 문제 삼고 싶은 생각은 추호도 없다.

나는 책을 읽기 시작하면, 처음부터 끝까지 제대로 통독한다. 그 이유는 어떤 책이든 서두에도 의미가 있다고 생각하기 때문이다. 보통 서두에서는 작가가 전달하고 싶은 내용에 대한 실수, 경험, 배경 등을 주로 이야기한다. 한마디로 중심 이야기로 가기 위한 부연 설명 같은 내용들이다. 나는 책을 선택하는 단계부터 마지막 책장을 넘기는 순간까지, 독서하는 모든 순간 작가와 교감한다고 생각한다. 그리고 작가가 서두에서 이야기한 내용을 이해해야 중심 내용에 공감하기가 한결 수월해진다고 믿는다.

내가 말하고자 하는 요지는 처음부터 끝까지 통독해서 일 년에 책 100권 읽기가 가능하다는 것이다.

내가 주변에 독서를 권유하면서 자주 하는 말이 일 년에 책 100권만 읽어보라는 것이다. 그럼 대부분은 "회사가 한가한가 봐. 어떻게 일 년에 책 100권을 읽을 수 있어?"라고 한다. 이제부터 어떻게 하면 일 년에 책 100권을 통독할 수 있는지 산술적으로 풀어보겠다.

책마다 다르기는 하지만, 보통 단행본은 글자 크기가 10포인트 정도에 250쪽 내외이다. 한 시간 정도 집중해 읽으면 대략 4,50쪽을 읽을 수 있다.

집에서 회사까지 왕복 4,50분 정도가 걸린다. 대략 30페이지 정도 읽을 수 있는 시간이다. 점심시간에 40분 정도 책을 읽는다. 조용한 분위기에 집중도 잘되기 때문에, 보통 30페이지 이상 읽는다. 퇴근 후 한 시간 정도 책을 읽는데, 대략 45페이지 이상 가능하다.

계산해보자.

출퇴근 : 20일 × 12달 × 30쪽 = 7,200쪽

점심시간 : 20일 × 12달 × 30쪽 = 7,200쪽

퇴근 후 : 20일(주말 제외) × 12달 × 45쪽 = 10,800쪽

⇓

일 년 독서 : 7,200쪽 + 7,200쪽 + 10,800쪽 = 25,200쪽

25,200쪽 ÷ 250쪽 = 약 100권

일 년에 2만 5,200페이지 정도를 읽을 수 있는데 단행본 한 권이 대략 250페이지이니, 일 년에 100권을 읽을 수 있다는 결론이 나온다. 주말을 제외하고 평일에만 독서한다고 했을 때의 경우이다. 만약 주말에도 한 시간씩 시간을 내서 독서한다면 추가로 20권 정도는 더 읽을 수 있다. 퇴근 후 한 시간을 따로 내서 독서를 하지 않더라도 생각보다 많이 읽을 수 있다.

출퇴근 시간이나 점심시간에 주위를 둘러보면, 스마트폰으로 인터넷 검색을 하거나 게임을 하는 사람이 대부분이다. 아니면 엎드려 자거나. 여러분이 중요한 정보를 찾거나, 게임을 해서 성공할 사람이 아니라면 그 시간에 독서를 하라고 말하고 싶다.

성공하고 싶고, 꿈을 이루고 싶다고 말하면서도, 남는 시간에 게임하고 소파에 누워 텔레비전을 보며 의미 없이 시간을 보내는 사람이 많다. 진짜 삶에 변화를 일으키고 싶다면 어느 정도의 시간 투자는 필요하다. 잠시 남는 자투리 시간에 책을 읽어보라. 산술적으로 봐도 일 년에 100권 읽는 것이 전혀 어렵지 않다. 주말에 따로 하고 싶은 일을 하면서도 일 년에 책 100권을 충분히 읽을 수 있다.

이제 알았으니, 한번 도전해보길 바란다.

하루 세 권 읽기

어렸을 때 무협지를 무척 좋아했다. 어느 무협지를 읽든지 항상 나오는 문파가 있는데, 바로 소림사이다. '절에 있는 승려들이 살생하면 안 된다고 하면서, 왜 무술을 배우는 거지' 하고 의구심을 갖고 있었다. 그런데《청룡팔부》라는 유명한 무협지에 나의 의구심을 말끔히 해소해주는 문구가 있었다.

소림사의 한 고승이 말하기를, 무공을 익히는 것은 수련의 한 가지 방법이다. 자신의 신체에 대한 외적 수련으로 무공을 배운다. 누군가를 해치려 하거나 힘을 과시하는 데 무공을 쓰는 일은 당연히 없어야 한다. 자신의 내부에 악한 기운이 쌓일 수 있기 때문에, 승려들은 지속적으로 참선과 수행을 병행하면서 그 악한 기운을 정화시켜야 함도 강조한다.

나의 초기 독서는 재테크서뿐이었다. 부동산, 주식 그리고 이와 관련해 경제를 설명하는 책만 읽었다. 그런 어느 날, 평소처럼 도서관에 재테크서를 빌리러 갔다. 그런데 그날 유독 제목이 눈에 띄는 책이 있었다. 이지성 작가의《리딩으로 리드하라》였다. 솔직히 작가가 유명한 사람인지도 몰랐고, 단지 그 책 제목을 어디선가 들어본 것 같아서 그냥 책에 자연스럽게 손이 갔다.

작가는 인문 고전 독서로 개인의 운명을 바꿀 수 있다고 말한다. 인문 고전 독서의 필요성을 성공한 사람, 부자와 연관 지어 설명한다. 또한 성공한 사람들은 인문 고전의 중요성을 일찍부터 알고, 그 내용을 자식들에게 익히도록 한다고도 했다.

이 책을 읽고 나서, 문득 무협지에서 읽었던 소림사 고승이 한 말이 생각났다. 돈을 벌 목적으로 재테크서만 읽는 것은 어쩌면 무공 연습만 하는 것과 같지 않을까 의구심이 들었다. 돈이 인생의 전부는 아닐 수 있다는 생각과 함께 말이다. 소림사 승려들이 무공을 익히면서 참선과 수행을 하듯이, 너무 돈 버는 책에만 치중하지 말고, 삶의 균형을 잡아줄 책을 읽어야 하는 것은 아닌가 생각했다. 너무 물질적 내용에만 매달려 인생 전체의 흐름을 읽지 못하고, 흔히 이야기하는 물질의 노예가 될 수도 있겠다는 생각 말이다.

그렇다고 해서 당장 재테크서 읽기를 관두고 인문 고전을 읽기는 두려웠다. 인문 고전을 읽는다고 해서 정말 부자가 될 수 있을까 하는 의구심이 들었다. 고전이 좋은 줄은 알겠는데, 그 안에 돈 버는 방법이 있다고?

그렇지만 책의 내용은 상당한 설득력이 있었다. 그래서 대안으로 재테크서를 읽는 한편으로 고전도 매일 조금씩 읽어보기로 했다. 한 종류의 책만 읽는 대신에 시간대별로 읽는 책을 달리 해보기로 했다. 출퇴근 시간이나 번잡한 곳에서는 집중력을 높이려 해도 쉽지 않다. 그래서 챕터가 짧고, 핵심을 간파하기 쉽게 구성된 자기계발서를 읽기로 했다. 퇴근 후 집에서 책을 읽을 때는 조용히 집중할 수도 있고, 학습 위주로 진행할 수 있다 보니 이때는 재테크서를 읽기로 했다. 결국 남는 시간은 점심시간. 한 시간 중에 식사하는 15~20분을 제외하고 사십 분 정도 남는 시간에 인문학과 철학 분야 책을 읽기로 했다.

점심시간이 되면 사무실은 소등이 되고, 조용해진다. 집에 있는 독서등을 회사로 갖고 왔다. 그러니 독서실에 있는 분위기도 연출됐다. 정말 인문서를 읽기 좋은 시간이 형성됐다. 나는 이렇게 하루에 세 종류 책을 읽게 됐다.

이렇게 여러 책을 동시에 읽으면 좋은 점이 많다. 첫째, 독서를 하는 과정에서 지루할 틈이 없다. 내용이 지루해 삼십 분 정도 읽으면 졸리고, 그만 읽고 싶은 책도 있기 마련이다. 그런데 세 권을 동시에 읽으면 지루할 틈이 없어진다. 독서할 때 보통 집중력이 한 시간 이내 정도인데, 아침, 점심, 저녁 시간별로 책을 달리하면서 한 시간 이내로 독서를 하니, 충분히 그 시간 동안 집중이 가능했다.

둘째, 지식을 연결할 수 있다. 자기계발서가 개인 생활이라면, 재테크서는 경제, 경영을 다루고, 인문서는 사회, 철학을 다룬다. 경제 신문을 사서 보면 경제 뉴스만 다루지 않는다. 경제만으로는 본질까지 다룰 수 없기 때문이다. 정치적 결정이 경제에 영향을 미치기도 하며, 사회현상이 경제 흐름을 바꾸기도 한다. 책을 다양하게 읽어나가는 것을 매일 신문을 읽는 것과 비교하면 이해하기 쉽다.

마지막으로 독서가 끝났을 때의 남다른 성취감이다. 출퇴근 사십 분, 점심시간 사십 분, 퇴근 후 한 시간을 읽는다고 하면, 책 세 권을 각각 읽는 시간은 거의 동일하다. 세 권을 다 읽는 시점이 거의 비슷하다는 말이다. 비슷한 시점에 세 권을 다 읽으면 그 성취감이 한 권을 다 읽었을 때보다 세 배 이상이다.

간혹 사람들이 나에게 묻는 것이 있다. 세 가지 책을 동시에 읽으면 내용이 헷갈리지 않느냐는 질문이다. 우선 성격이 전혀 다른 책이니 헷갈릴 염려가 없다. 학창 시절을 떠올려보라. 한 시간 단위로 국어, 영어, 수학 등의 수업을 듣고 나서 헷갈렸다고 말하는 학생이 있었는가? 하루는 국어만, 하루는 수학만, 하루는 영어만 수업하는 것보다 매일 조금씩 다양한 과목을 공부하는 게 오히려 학습하기가 더 수월하다.

독서도 이렇게 시작해보는 거다. 만약에 하루 일과를 네다섯 개로 쪼갤 수 있다면, 하루에 네다섯 권을 읽으면 된다. 각자의 상황에 맞게 다양한 책을 매일 만나보는 것을 적극 추천한다. 하루에 조금씩이라도 최소 두 권 이상을 동시에 읽어보라.

한 분야당 20권이 기본이다

몇 년째 아침에 헬스클럽에 가고 있다. 몇 년을 꾸준히 다니다 보니 사람들이 운동하러 오는 패턴을 알게 됐다. 우선 연초가 되면 건강 계획이라도 세웠는지 추운 날씨에도 불구하고 정말 많이 들 온다. 그런데 2~3주 정도 지나고부터는 수가 점점 줄어들기 시작한다. 그러다가 여름휴가 시즌 두세 달 전부터 급격히 인원이 늘어난다. 특히 봄부터 여름까지는 젊은 사람들이 눈에 많이 띈다. 이 역시 휴가 시즌이 끝나면 급격히 줄어든다. 그 이후 헬스장은 정말 한가하다. 아마도 어디를 가나 비슷한 패턴이지 않을까 싶다.

6장 인생을 바꾸는 실천 독서법

몇 년째 같은 헬스장을 다니다 보니, 누가 꾸준히 다니는지도 알 수 있다. 어느 날 운동이 끝나고 거의 매일 보던 사람들 중 몇몇과 같은 엘리베이터를 탔다. 그들의 이야기가 들렸다.

　"아침마다 운동하는데 왜 살은 맨날 이 모양인지 몰라."

　"어차피 운동하는 게 그 살들 유지하려고 하는 거 아냐?"

　"그래도 몇 년을 했으면 살이 좀 빠져야 하는데. 근육도 안 붙고……."

　10년을 운동했어도 매일 같은 몸무게이거나, 살이 빠지기는커녕 늘어난 사람도 있다.

　운동뿐 아니라 열심히 꾸준히 해왔는데 전혀 변화가 없는 상황을 겪은 적이 다들 있을 것이다. 《1만 시간의 재발견》을 보면, 이에 대한 원인과 분석이 나온다. 10년간 매일 러닝머신을 했다고 하자. 처음 운동을 시작하는 그 시점에는 힘이 들 수 있다. 그런데 계속 비슷한 수준으로 달리기를 하면, 우리 몸은 그 상황을 유지할 수 있도록 변한다. 매일 똑같이 하는 그 수준에 몸이 맞춰지지, 더 좋아지지는 않는다(나빠지지도 않지만).

　살을 빼거나 근육을 늘리고 싶다면 몸이 현재 상태를 유지하려는 항상성을 깨뜨려야 한다. 매일 삼십 분씩 비슷한 속도로 달리면, 우리 몸은 그 정도의 시간과 달리는 속도에 적응돼 특별한 외부 자극이 없다면 변화도 없다. 매일 삼십 분씩 시속 8킬로미터로 달렸다고 하면, 한 달 뒤에는 사십 분을, 또는 시속 9킬로미터로 계속 변화를 줘야 몸이 바뀐다.

이를 좀 더 쉽게 표현해보자. 매일 10년간 덧셈, 뺄셈을 공부하고서는 왜 나는 곱셈, 나눗셈을 못하는 거지 하고 말하는 것과 같은 이치이다. 곱셈, 나눗셈을 배우려면 덧셈, 뺄셈을 알아야 하는 것은 기본이다. 덧셈, 뺄셈의 기본 원리를 통해 곱셈, 나눗셈의 원리를 이해하고서 구구단을 외운다. 그러고 나서 계속 문제를 풀며 어렵게 느껴지는 그 단계를 한 번은 뛰어넘어야 한다. 매일 같은 자리에서 같은 행위를 하면서 실력이 늘길 바라는 것은 과한 욕심이다.

뭔가를 새로 배우려면 이런 단계를 반드시 거쳐야 한다. 새로 배우는데 어렵게 느껴지는 단계가 없다면, 제대로 배우지 않았거나 쉬운 부분에서 머무르고 심도 있는 부분으로 나아가지 못하고 있다는 뜻이다. 항상 꾸준히 열심히 하는데도 실력이 늘지 않는다면 지금 내가 실행하고 있는 수준부터 점검해봐야 한다. 항상 비슷한 수준만 반복하고 있는 것은 아닌지, 어려운 단계로 들어가면 포기하고 쉬운 단계로 계속 되돌아오는 것은 아닌지, 생각해봐야 한다.

6장 인생을 바꾸는 실천 독서법

책을 통해 뭔가 배우는 것도 이와 같다. 많은 사람이 다이어트를 시작하면서 연예인이 이렇게 해서 살을 뺐다고 소개하는 책을 산다. 그리고 책 내용을 따라 하다가 중간에 실패한다. "그 사람은 연예인이라 시간하고 돈이 많으니까 가능한 거야"라며 자기 위안으로 끝낸다.

반은 맞고, 반은 틀리다. 연예인이 다이어트에 성공할 수 있는 이면에는 본인의 노력도 있겠지만, 전문 트레이너들이 옆에서 도와줬기 때문이다. 책을 읽고 어떻게 하면 효과적으로 다이어트를 할 수 있는지 연구하는 시간 대신에 전문 트레이너들의 지식을 빌렸다고 할 수 있다. 우리는 그렇게 돈을 쓸 수 없으니 책을 사서 따라 해보는 것이다.

트레이너는 달랑 책 한 권만 공부하고 끝냈을까? 당연히 아닐 것이다. 많은 것을 공부하고, 꾸준히 최신 학술 이론도 찾아보고 다양한 시도를 하는 사람들이다. 진정 살을 빼고 싶다면 트레이너들이 실천한 방법론뿐 아니라 살이 빠지는 원리도 같이 공부해야 한다. 왜 탄수화물이 좋지 않고 단백질이 필요한지, 왜 운동을 하면서 칼슘, 마그네슘도 같이 섭취해야 하는지에 대한 이론을 알고 접근해야 한다.

나는 독서로 인생 방향을 설정하면서 부동산과 주식을 공부해 재테크를 해야겠다고 결심했다. 한두 권 읽고 마는 것이 아니라, 신간이 나오는 족족 사서 읽었다. 물론 지금도 그렇게 하고 있다. 우선 20권 정도를 읽으니, 책의 수준을 판별할 수 있는 나만의 눈높이가 생기기 시작했다. 책을 읽으면서 이러한 방법으로 투자해서 성공했다는 이야기보다 좀 더 근본적인 원리나 이론을 알고 싶어졌다. 그래서 좀 더 수준 높은 책을 찾아 읽으면서 나의 수준을 한 단계 업그레이드시켜왔다.

책을 한두 권 읽는다고 해서 수준이 높아질 거라 기대하는 것은 로또 당첨을 기대하는 것과 별반 차이가 없다. 수준이 비슷한 책만 읽어서도 발전이 없다. 어떤 분야를 공부하기로 했다면, 그 분야의 책을 최소 20권 정도는 읽어보라. 그리고 거기서 머물지 말고 자신의 실력을 한 단계 업그레이드시킬 수 있도록 난이도를 점점 높이라.

2.2.2법으로 전문가 되기

처음 재테크서를 읽었을 때는 용어나 내용을 이해하기가 쉽지 않았다. 부동산 투자서를 읽으면서 용적율과 건폐율의 차이나 다세대와 다가구의 차이를 바로 알지 못했다.

새로운 분야를 공부하기 시작할 때 어려운 것 중 한 가지가 용어에 대한 개념 이해이다. 책 한 권을 읽다가 드문드문 어려운 용어가 나오면 바로 뜻을 찾거나 문맥으로 유추할 수 있지만, 한 페이지에 한 개 이상씩 이해가 가지 않는 용어가 나온다면, 책을 다 읽어도 제대로 읽었다고 할 수 없다. 매번 인터넷으로 어려운 내용을 검색해 찾고, 이해하면서 읽어나가면 시간도 많이 걸리고 독서라는 행위가 너무 지루해진다. 이렇듯 기본 개념에 대한 이해가 부족한 상태에서 무작정 책만 읽는 것은 문제이다.

몇 년 전, 회사에서 운 좋게 대학원 입학 기회를 잡을 수 있었다. 7월 초에 대학원 입학이 가능하다는 발표가 나고 입학 요강을 살펴보다가 깜짝 놀랐다. '토익 700점 이상'이라는 조건이 있었기 때문이다. 원래 영어를 잘하지 못한다. 그보다 삼 년 전에 승진 조건을 맞추기 위해 토익을 준비한 적이 있다. 두 달 동안 주말에 학원까지 다니면서 준비했는데도 당시 회사가 요구하는 승진 기준을 간신히 턱걸이한 615점을 받았다.

그 뒤로 삼 년 동안 영어 공부를 전혀 하지 않았기 때문에 700점은 불가능한 점수로 느껴졌다. 입학 서류 제출까지 토익 응시 기회가 세 번 정도 있었다. 회사에서 좋은 기회를 줬는데, 토익 때문에 입학을 못 했다고 하면 너무 창피할 것 같았다. 짧은 시간이지만, 죽기 살기로 공부하기로 결심했다. 시험 전까지 아래와 같이 공부했다.

1. 아침 5~7시 토익 한 세트 풀기

2. 회사 업무 30분 전까지 아침에 틀린 내용 복습

3. 점심시간 50분 동안 아침에 틀린 내용 복습

4. 퇴근 후 한 세트 풀고 복습

5. 책 한 권 다 풀고, 틀렸던 문제 다시 풀기

6. 두 번 연속으로 틀렸던 문제 다시 풀기

이런 식으로 이 주 동안 책 세 권을 세 번 정도 복습할 수 있었다. 그리고 나서 첫 시험을 봤다. 그 결과는 나의 상상을 뛰어넘었다. 815점을 받은 것이다. 학생 때 취업을 준비한다고 여유 있게 했을 때보다 더 높은 점수를 받았다.

이때 한 가지 느낀 것이 있다. 극한 상황에서 진심을 다해 배수진을 치고 준비하면 못 이룰 것이 없다는 점과 잘 모르면 익숙해질 때까지 반복하면 된다는 점이다.

공학도로 살아와서 그런지 재테크서를 읽는 것이 처음에는 쉽지 않았다. 개인의 성공스토리가 함께 담긴 재테크서들은 그나마 읽기 수월했지만, 조금만 깊이 들어가도 이해가 가지 않는 내용이 많았다. 하지만 토익을 준비했을 때의 경험을 살려서, 반복적으로 하면 언젠가는 익숙해지는 순간이 올 거라는 확신을 갖고 반복 독서를 하기로 결심했다. 한 번 읽고 이해가 잘 안 되면 다시 읽었다. 그런데 같은 책을 세 번까지 읽기는 너무 지루해 두 번까지로 한정했다.

당연히 효율적인 독서법이 없나 궁금해지기 시작했다. 독서법을 이야기하는 많은 책들이 필사를 추천했다. 그래서 책을 읽으며 중요하다고 밑줄 그은 내용을 필사하기 시작했다. 효과적으로 읽으면서 필사할 때의 이해도를 높이기 위해, 처음 읽을 때 중요하다고 느낀 것들은 빨간색으로 줄을 그었다. 두 번째로 읽으면서 중요하다고 느낀 것들은 파란색으로 줄을 그었다. 이렇게 구분해 놓고 필사하니 파란색 줄을 그은 내용에 대해 왜 놓치고 넘어갔는지 이해할 수 있었다. 즉 한 번 읽고 나서 어느 정도 이해가 되니, 두 번째 읽을 때는 연관 지식을 기반으로 놓쳤던 중요한 내용들이 보이기 시작한 것이다.

필사한 내용을 다시 보려고 하니 내 글씨가 깔끔하지 못했다. 다시 복습한다는 마음으로 타이핑했다. 프린터로 출력해 다시 읽어보았다. 이렇게 하니 책 내용을 거의 이해했다고 생각했다. 그런데 신기하게도 몇 개월 뒤에 출력물들을 다시 보면 '이 책에 이런 내용이 있었나' 싶은 부분이 있었다. 이후 분기별로 출력물들을 다시 보는 시간을 따로 가졌다.

이렇게 해서 나의 2.2.2 독서 학습법이 만들어졌다. 두 번 반복해서 읽고, 두 번 필사(한 번은 타이핑)하고, 두 번 복습하는 것이 나만의 독서 학습법이다.

처음에는 이해가 가지 않아 필사할 내용도 많고, 생각만큼 책을 독파해나가는 속도가 나지 않을 것이다. 하지만 장담할 수 있다. 이런 식으로 독서하면, 그 분야 전문가까지는 아니더라도 전문가들이 말하는 내용을 필터링할 정도의 능력은 생길 것이다.

일처리 능력이든, 학습 능력이든, 자산 형성이든 마찬가지이다. 시간을 들여 노력한 만큼 결과가 바로 나오지는 않는다. 처음에는 더딘 것 같지만, 어느 순간 실력이 훌쩍 좋아진다. 2.2.2법을 그대로 따라 하라고는 말하지 않겠다. 두 번째 읽는 게 싫증 난다고 하면 한 번만 읽으면 된다. 모르는 내용을 필사하기 힘들면 컴퓨터에 입력만 해도 된다. 그렇게 각자에게 맞는 독서법을 찾아나가는 것이다. 다만 타이핑한 것들은 꼭 다시 읽어보라고 권하고 싶다.

독서를 끝내고 나서 그냥 책을 덮지 말고 어떤 방식이든 한 번 더 되새김하라. 반복을 통한 실천 독서법은 여러분을 더 빨리 전문가로 만들어줄 것이다.

독서 계획 작성하기

'계획을 세우지 않는 것은, 실패를 계획하는 것과 같다'라는 격언이 있다. 꿈을 이루기 위해 인생 계획을 세우고 중간에 점검도 하고 잘못된 방향은 수정도 하듯이 독서도 계획이 필요하다. 독서로 인생을 바꿔보자고 결심했다면, 독서에 대한 계획과 관리도 필요하다. 앞에서 설명한 '일 년 동안 100권, 읽는 법'과 '하루 세 권 책 읽기'를 기준으로 설명해보겠다.

계획을 세우기 앞서 자신이 책 읽는 속도를 어느 정도 파악한다. 나는 한 시간당 평균 45페이지를 읽는다. 만약 책에 그림, 표 등이 많으면 한 시간에 50페이지를 적정 분량으로 본다. 반대로 글자가 좀 작고, 번역본이나 처음 접해보는 분야의 전문 서적은 읽는 속도가 상대적으로 떨어질 테니 35페이지 정도가 될 것이다.

여러분이 처음 독서 계획을 작성할 때는 한 시간에 대략 35~40 페이지를 읽을 수 있다고 가정하면 무난할 것이다. 독서량이 늘면, 자연스럽게 본인의 속도를 알 수 있게 된다.

나는 독서 계획을 월 단위로 작성하고 있다. 하루나 주 단위로 계획을 작성하면 전체적인 흐름을 예측하기 어렵기 때문이다. 예를 들어 600페이지에 글자도 작은 번역본 같은 경우는 보통 한 시간에 35페이지 정도를 읽는다. 그럼 책을 다 읽는 데 17일 정도 소요될 것이다. 주 단위로 계획을 세워서는 언제쯤 다 읽을지 정확하게 눈에 들어오지 않는다. 이런 경우는 한 달 전체를 기준으로 계획을 세워야 언제쯤 끝낼 수 있는지 큰 그림을 그릴 수 있다.

다음 달 독서 계획을 작성하기 앞서 한 가지 더 준비할 것이 있다. 다음 달에 읽을 책들을 미리 준비해두는 것이 좋다. 사거나 대출하는 것까지는 아니더라도 최소한 다음 달에 읽으려는 책의 분량과 난이도 정도는 알고 있어야 한다. 예를 들어 2월 독서 계획을 작성한다고 하면, 1월 25일쯤에는 2월에 읽으려는 책에 대한 정보를 조사한다.

나는 보통 주말에 집 근처 서점에 들러서 다음 달이나, 나중에라도 꼭 읽고 싶은 책들의 정보를 스마트폰에 적어놓는다. 책 제목, 페이지, 용도 정도만 기입한다. 미리 책을 구해놓거나 서점에 가지 못했다면, 인터넷 서점 사이트를 참고하면 된다. 인터넷 서점 사이트에 가면 보고 싶은 책에 대한 미리 보기 기능이 있어 계획을 세우기 위한 정보를 얻는 데 아무 문제 없다. 본격적으로 독서 계획서 작성 전에 아래 표 형식으로 다음 달에 읽을 책들에 대한 정보를 기입한다.

제목	용도	전체 분량	하루 가능 분량	완료 일수
A	출퇴근용	210쪽	30쪽	7일
B	점심시간	300쪽	20쪽	15일
:				

정보 수집이 끝나면 독서 계획서 작성은 손쉽게 할 수 있다. 월간 캘린더 같은 곳에 먼저 중요한 약속을 표시한다. 그러고 나서 날짜별로 책 이름과 그날 읽을 페이지 등을 기입한다. A라는 책이 총 210페이지이고, 퇴근 시간에 하루 30페이지씩 읽는다면 일주일에 끝낼 수 있다. 일주일에 걸쳐 읽을 분량으로 기입해 넣는 것이다. B라는 책이 300페이지에 가독성이 떨어지며, 점심시

6장 인생을 바꾸는 실천 독서법

간에 읽을 작정이라면 하루 20페이지로 예상하고 독서 계획을 15일로 세우면 된다. 다음 페이지의 표는 내가 사용하는 독서 계획서 양식이다.

계획을 세울 때 좀 더 여유를 둘지 말지는 개인의 성향에 맞추면 될 것 같다. 다만 내 경우를 돌아보면, 좀 여유 있게 계획을 세우라고 조언하고 싶다. 초창기에는 살기 위해 독서를 해야 한다는 생각에 여유 없이 빠듯하게 계획을 세웠다. 특히 주말은 평일의 서너 배 이상 읽는 것으로 목표를 세웠다. 그러다 보니 계획이 지켜지지 않는 경우가 많았고, 그때마다 자책했다.

해결책 역시 책에서 찾았는데, 습관으로 정착시키기 위해서는 작고 쉬운 것부터 적용하라는 데서 영감을 얻었다. 좀 여유를 갖고 계획서를 작성했는데, 우선 주말은 제외하고, 평일도 읽을 수 있다고 생각되는 분량에서 8,90퍼센트 수준으로 잡았다. 만약 주말에 책 읽을 여유가 생기면 읽는 것이고, 없으면 그냥 다른 방법으로 쉰다. 또 평일에 8,90퍼센트 수준으로 계획을 세우면, 어느 날은 계획 대비 달성도가 110~120퍼센트가 될 때도 있고, 어느 날은 갑자기 약속이 생겨서 책을 읽지 못할 수도 있다. 조금은 여유 있게 계획을 세워야 만회가 가능하다고 느껴서 중도에 포기하는 일이 없다. 물론 최대한 계획을 지키려는 마음가짐이 우선되어

1월 중점 독서 사항 : 부동산 투자서와 세금

날짜	1월 1일	1월 2일	1월 3일	1월 4일
주요 약속				
출퇴근		백세 철학자의 인생 : P. 30	백세 철학자의 인생 : P. 60	
점심		주역왕문 : P. 35	주역왕문 : P. 70	
퇴근 후		대한민국 부동산 사 용설명서 : P. 100	대한민국 부동산 사 용설명서 : P. 200	

날짜	1월 5일	1월 6일	1월 7일	1월 8일	1월 9일	1월 10일	1월 11일
주요 약속		팀 회식					
출퇴근		백세 철학자의 인생 : P. 90					
점심		주역왕문 : P. 100					
퇴근 후		X					

날짜	1월 12일	1월 13일	1월 14일	1월 15일	1월 16일	1월 17일	1월 18일
주요 약속							
출퇴근							
점심							
퇴근 후							

날짜	1월 19일	1월 20일	1월 21일	1월 22일	1월 23일	1월 24일	1월 25일
주요 약속						설 연후	설 연후
출퇴근							
점심							
퇴근 후							

날짜	1월 26일	1월 27일	1월 28일	1월 29일	1월 30일	1월 31일	
주요 약속			설 연후				
출퇴근							
점심							
퇴근 후							

6장 인생을 바꾸는 실천 독서법

야 하겠지만 말이다.

　다양한 분야의 책들을 꾸준히 읽다 보면, 계획보다 초과 달성할 정도로 능력이 향상되는 날이 반드시 온다. 그 분야의 단어와 내용에 점점 익숙해지기 때문이다. 처음에는 단어와 문맥을 이해하기가 쉽지 않아서 주춤하겠지만, 익숙해지면 읽는 순간 바로 이해되기 때문에 속도가 점점 빨라진다. 이렇게 한 단계 업그레이드되면 그때 가서 목표치를 조금 높인다. 전에 A라는 책을 한 시간에 30페이지 읽었는데, 읽기 능력이 향상됐다면 40페이지로 올리는 식으로 말이다.

　독서로 인생을 바꾸고자 한다면, 체계적으로 계획을 세워 책을 읽으라.

나만의 독서리스트 만들기

우리가 누리는 문명에 가장 크게 기여한 것 중 하나가 기록이다. 인류가 문자를 만들어 기록을 할 수 있게 되면서부터 문명이 전과 비교할 수 없을 정도로 빠르게 발전했다. 종이가 만들어지면서는 인간들 사이의 지식 전달이 쉬워지면서 문명의 발전에 더더욱 속도가 붙었다. 지금 우리가 살고 있는 이 시대는 어떠한가? 하루가 다르게 세상이 변한다. 그 근본에는 정보의 기록, 즉 저장과 보존이 쉬워진 영향이 제일 크다.

이렇듯 기록의 저장과 보존이 쉬워지면서 개인도 자신과 가족의 생활을 인터넷에서 공유하는 세상이 됐다. 문명이 기록을 통해 발전했다면, 개인도 이를 활용하여 발전할 수 있다. 블로그나 SNS로 자신이 쌓은 노하우를 공개하고 사람들과 소통하는 것도 자신을 발전시키는 방법 중 하나이다.

나도 본격적으로 독서를 시작하면서 이를 기록해보기로 했다. 사실 처음 의도는 독서를 하면 할수록 쌓여가는 책 목록을 보면서 뿌듯해하기 위해서였다. 독서리스트라는 파일에 책 표지 이미지를 넣으면서 내가 이만큼 많이 읽었네 하는 뿌듯함 말이다. 나중에 자식들에게 '아버지는 살면서 이만큼 독서를 했다'고 자랑하고 싶기도 했다.

독서가 생활화되면서, 언젠가부터는 지인들에게 읽을 만한 책을 추천해달라는 부탁도 많이 받게 됐다. 그러면 내 독서리스트 파일을 건넸다. 장르, 주요 내용 그리고 내 평점까지 매겨져 있어 그냥 넘겨주기만 하면 됐다. 다른 사람이 내 독서리스트를 필요로 한다니, 뿌듯함은 몇 배로 커졌다. 어쩌면 초창기에 독서리스트를 계속 업데이트할 수 있었던 원동력은 이런 뿌듯함과 사람들의 칭찬이었는지도 모르겠다.

그런데 시간이 갈수록 독서리스트 속 내 평점이 점점 낮아지는 것 같았다. 분명 내가 고르는 책의 수준이 떨어지는 게 아닐 텐데 이상했다. 초창기에 보통 5점 만점에 4점 이상이 많았다면, 지금은 평균 3점대였다. 곰곰이 생각해보니, 책의 수준이 낮아진 게 아니라 내 독서 능력이 좋아진 것이었다. 독서를 본격적으로 시작한 초반에는 책에 담긴 지식 자체가 신세계였는데, 시간이 갈수록 평범하게 느끼게 된 것이다. 이렇게 독서리스트를 활용하면 변화된 독서 수준을 알 수 있고, 내가 아직 취약한 분야는 뭔지 파악하기가 한결 수월해진다.

연말에 내년 독서 계획을 세우기 전에 올 한 해 읽었던 책들의 리스트를 살펴보면 내가 어떤 분야에 중점을 두었는지 알 수 있다. 또 내년에는 어떤 분야에 중점을 둬야 할지 계획을 세우기가 한결 수월해진다. 예를 들면 한 해에 읽은 책들 리스트를 정리해보니 부동산 관련 책들이 40권이다. 대부분이 주택 시장 흐름에 대한 책이다. 그렇다면 내년에는 세법과 상가나 토지, 그리고 주식투자로 영역을 넓혀보자고 계획을 세우는 식이다. 월간 계획을 수립할 때도 이를 반영한다.

처음 독서리스트는 간단했다. 책 표지 이미지를 복사해 붙여 넣고, 평점만 기입했다. 중간에 잠시 평점을 매기지 않은 적도 있다. 열린 마음으로 책을 읽자고 외치면서 내가 평가할 자격이 있는지 의구심이 들었기 때문이다. 하지만 배우는 것은 배우는 것이고, 객관적으로 평가해야 나의 수준이 한 단계 높아질 것이란 생각에서 다시 기입하고 있다.

　독서리스트의 장점이 한 가지 더 있다. 바로 필요할 때 읽었던 책을 빨리 찾아볼 수 있다는 점이다. 사람들이 보험에 가입하는 이유는 딱 한 가지이다. 바로 언젠가 있을지도 모르는 사고를 대비하기 위해서이다. 나에게는 그런 나쁜 일이 일어나지 않을 거라는 생각에 보험이 필요 없다고 생각하는 사람은 거의 없다.

　책을 읽거나 뭘 조사하다 보면 읽었던 책들을 찾아봐야 할 때가 있다. 처음에는 필사본으로 찾았다. 그런데 데이터가 쌓일수록 어떤 내용이 어떤 책에 있었는지 헷갈리기 시작했다. 이를 위해 독서리스트에 한두 단어를 기입하기 시작했다. 예를 들면 주식투자서를 읽고 '국고채 삼 년물', '금리 연동'이라는 핵심 문구 정도만 기입했다.

　옛날 사진을 보면 촌스러운 모습이 우습기도 하지만 성장했다는 생각에 뿌듯해진다. 독서리스트를 만드는 것도 이와 같다. 가끔 예전 기록을 볼 때마다 독서 능력이 향상됐음을 느낄 수 있다. 발전하는 모습을 기록으로 남기는 것은 독서를 지속적으로 할 수 있는 원동력을 얻는 또 하나의 방법이다.

제목	주역 원론 2
기간	12/1~1/1
저자	김승호
평점	
내용	주역공부, 시간의 의미

제목	개인이 주식시장을 이기는 방법
기간	1/5~7
저자	이강혁
평점	
내용	재테크, 주식, 간단한 내용 활용

제목	서울아파트, 상승의 끝은 어디인가
기간	1/1
저자	강승우
평점	
내용	부동산, 데이터 위주 분석

제목	주역과 운명
기간	1/7~10
저자	심의용
평점	
내용	주역, 개략적 내용, 이해가 어려움

제목	100세 철학자의 인생, 희망 이야기
기간	12/31~1/2
저자	김형석
평점	
내용	인문, 인생에 대한 내용

제목	주역 원론 3
기간	1/3~30
저자	김승호
평점	
내용	철학, 주역

제목	대한민국 부동산 사용설명서
기간	1/2~5
저자	김학렬(빠숑)
평점	
내용	재테크, 부동산

제목	절세의 기술, 부동산 법안에 있다
기간	1/8~11
저자	이상욱
평점	
내용	법인, 세법, 쉽지 않은 설명

제목	마음이 몸을 치료한다
기간	1/3~4
저자	데이비드 해밀턴
평점	
내용	건강, 플라세보 효과, 이미지 필링

제목	아파트는 팔고 땅을 사라
기간	1/11~12
저자	이도선(도선국사)
평점	
내용	재테크, 땅투자

시간은 짧게, 내용은 반복적으로

마지막으로 여러분에게 당부하고 싶은 것이 있다. 나는 지금까지 책을 400권 이상 읽었다. 일부는 도서관에서 대출했고, 일부는 중고서적으로 되팔기도 했지만 아직도 집에 많은 책이 쌓여 있다.

가끔 주변 사람들로부터 부동산이나 주식을 공부하고 싶다거나 자기계발서, 인문서를 추천해달라는 요청을 받는다. 만약 내가 추천해줄 만한 책이 집에 있다면 빌려주고 있다. 단 한 가지 전제를 내건다. 빌려준 책은 반드시 일 주일 내로 돌려달라고 말이다. 빌려주면서 기한을 정해놓다니 쩨쩨한 것 같은가?

사실 일주일 내로 돌려달라고 하는 데는 그만한 이유가 있다. 요즘 책들은 대부분 250페이지 내외이다. 나처럼 하루에 세 가지 책을 읽는 사람이 아니라면 한 권을 읽는 데 일주일이면 충분하다. '일 년에 100권 책 읽기 방법'에서도 산술적으로 설명했지만, 출퇴근 시간과 점심시간, 퇴근 후 한 시간 정도 할애하면 이틀, 여유롭게는 사흘이면 책 한 권을 충분히 읽을 수 있다.

지금까지는 책을 빌려 간 사람들이 일주일 내로 다 읽었다며 돌려준 기억이 없다. 이 주 정도 뒤에 돌려받은 게 제일 빠르다. 이 부분이 상당히 아쉽다. 독서하는 데 시간 투자를 안 했다거나, 추천해줬는데 제대로 읽지 않고 돌려줬다고 생각해서 아쉬운 게 아니다. 책을 쉬엄쉬엄 읽었을 것 같아서이다.

지금처럼 하루 세 종류 책 읽기를 실행하기 전, 하루에 한 종류만 읽던 시절 이야기이다. 한참 핵심 부분을 읽고 있는데, 개인적 사정이나 갑작스러운 약속 등으로 이삼 일 정도 독서를 하지 않자 문제가 생겼다. 책을 다시 읽기 시작하는데 앞부분이 가물가물하면서 기억 속에서 사라진 듯한 느낌이 들었다.

내용 연결성이 없는 책들은 그나마 낫다. 내용이 긴밀하게 연결된 책들은 하루이틀만 쉬어도 이해하는 데 시간이 걸린다. 그렇다고 다시 처음부터 읽기는 싫다. 이런 상태로 책을 마저 읽는다. 책

6장 인생을 바꾸는 실천 독서법

에서 알려주려는 핵심을 놓치는 것이 가장 우려스러운 부분이다.

독서의 목적이 단순히 책을 읽으면서 마음의 안정을 찾는 것이라면 모를까, 새로운 분야를 알고 지식을 습득하기 위해서라면 오랜 시간에 걸쳐서 중간에 쉬어가며 읽어서는 안 된다. 조금 읽다가 이삼 일 정도 쉬었다가 다시 읽기 시작하면 앞부분을 잊어버리기 때문에 뒷부분과 내용 연결을 잘 시키지 못한다. 익숙한 분야도 꾸준히 공부하지 않으면 지식 습득이 쉽지 않은데, 새로운 분야를 접하면서 꾸준히 하지 않는다면 아무 지식도 얻지 못한다.

공부 잘하는 사람들은 공통점이 있다. 무엇보다 꾸준하다. 독서도 마찬가지이다. 뭔가 알기 위해 책을 들었다면 중간에 끊지 말고 꾸준히 읽어야 한다. 쉬고 싶다면 책 한 권 다 읽고 쉬어라. 무엇보다 연속성이 중요하다.

배우기 위해 책을 읽겠다고 결심했다면, 일주일 내로 다 읽기를 권한다. 가능하면 더 빨리 읽으라. 그리고 더 좋은 것은 그 책을 반복해서 읽어보는 것이다.

서두에서 밝혔다시피 나의 독서는 살아남기 위한 생존 독서이다. 이 글을 읽는 여러분도 독서를 통해 인생을 바꾸는 방법을 알고 싶을 것이다. 생존에 필요한 물을 매일 마시듯 매일 꾸준히 책을 읽는 습관을 갖길 바란다. 그 습관을 근간으로 하면 반드시 독서가 여러분의 인생을 좋은 방향으로 이끌어줄 것이다.

누군가 독서로 진짜 인생을 바꿀 수 있느냐고 묻는다면 나는 항상 자신 있게 말할 수 있다.

"그렇다!"

사 년 전 인생의 목표를 설계했을 때 '쉰이 되기 전에 책 한 권 출간하기'라는 항목을 넣었다. 인생의 목표를 세우고 이에 맞춰 열심히 살다 보면 그 나이쯤 됐을 때 어느 정도 성과가 있을 것이고, 내가 살아온 방식이 누군가에게는 도움이 될 거라 생각했다. 솔직히 말하면 '책 한 권 출간하기'라고 적어놓고 보면 어떻게든 되지 않을까 하는 막연한 기대도 있었다.

그런데 이렇게 책을 출간해 나의 인생 목표 중 한 가지를, 또 목표 기간보다 단축해 이뤄냈다고 당당히 말할 수 있게 됐다. 독서로 시작한 인생 2막은 항상 예상보다 목표를 빨리 달성했다. 그 원동력은 단연코 독서이다.

처음에는 의구심을 떨칠 수 없었다. 분명 성공한 사람들은 독서를 많이 하라고 했는데, 나와 내 주변의 삶이 변하는 느낌을 받을 수 없었기 때문이다. 그때는 책을 읽으며 하나씩 실천해나가는 시간들이 너무나 지루했다. 그러나 실천 독서의 힘은 내가 인지하지 못하는 순간 나라는 사람을 180도 바꿔놨고, 내 인생의 물길도 완전 다른 곳으로 틔웠다.

물은 끓기 위해 99도에서 마지막 1도가 필요하고, 대나무는 한순간 위로 쭉 뻗어나가기 위해 사 년간 아래로만 자란다고 한다. 일이 년이나 생존 독서를 했는데도 별다른 성과가 없어 답답해하면서도 버티던 나는 99도의 물, 사 년간 뿌리를 내린 대나무와 같았다. 하지만 어느 순간 내 삶은 분명 바뀌었다. 인생 목표로 계획한 일들에 도달하는 속도는 항상 내 예상보다 빨랐으며, 예상치도 못한 곳에서 독서가 주는 작은 행운의 선물들을 받았다.

오 년 전까지는 책 한 권 제대로 읽은 적이 없었다. 처음 독서를 시작했을 때는 나의 목표와 가족을 위해 억지로 책을 읽었다. 학창 시절에 공부하듯이 독서를 했다. 책을 읽다가 졸릴 때는 잠시 엎드려 자면서도 그날의 목표량을 무조건 채웠다. 살아남기 위해 열심히 노력했다. 그런데 지금은 독서하는 시간이 기다려지고, 서점 가는 일도 즐겁다. 책을 가까이하면 할수록 인생이 바뀔 수 있다는 것을 체험하고 있기 때문이다.

전부터 책을 읽던 사람들은 내 절반만 노력하면 나보다 더 빨리 성과를 이뤄낼 수 있을 것이다. 나처럼 일 년에 책 한 권도 읽지 않았더라도 걱정할 것 없다. 평범한 직장인인 나도 해냈다. 충분히 독서로 인생을 바꿀 수 있다고 확신한다.

1년에 100권씩 10년 동안 1,000권을 읽는 게 내 1차 인생 목표였다. 처음에는 10년 동안 1,000권이 가능할까 싶었다. 하지만 지금의 독서 속도로 보면 7~8년이면 충분히 달성 가능하지 않을까 싶다. 앞으로 600권이 남아 있는데, 목표 달성까지의 길이 전혀 힘들게 느껴지지 않는다. 남은 600권을 읽으면서 나는 어떻게 변할 것이며, 어떠한 인생 목표들을 달성하고, 어떤 새로운 삶과 조우할지 생각하면 지금도 흥분을 감출 수 없다. 독서와 함께하는 삶 속에서 느끼는 이러한 흥분을 여러분도 같이 느껴봤으면 한다.

이 책을 빌어서 가족들에게 감사하다는 말을 하고 싶다. 가족과 함께하는 행복한 삶은 언제나 가장 중요한 인생 목표였다. 그런데 어쩌면 나만의 욕심이 아닐까 하는 생각도 든다. 그만큼 목표를 달성하기 위해 때로는 가족들에게 소홀했던 것이 사실이다. 이런 나를 가족들이 이해해줬기에 여기까지 올 수 있었다. 꿈을 이룰 수 있도록 뒷바라지해주고 응원해준 가족들이 없었다면 불가능했을 것이다.

열심히 세상을 살아갈 수 있도록 키워주신 부모님과 옆에서 항상 든든하게 후원해주시는 장인, 장모님께 감사드린다. 먼 미래에 아빠가 어떻게 살았는지 이해해줄 사랑스러운 나의 아들 건우와 딸 혜원, 그리고 내 옆에 평생의 동반자로 남을 구수현 여사에게도 감사하다.

16년 차 월급쟁이,
2년 만에 경제적 자유를 얻은
실천 독서법

1판 1쇄 발행 2021년 7월 29일
1판 4쇄 발행 2022년 9월 16일

지은이 독서부자 낙숫물
펴낸이 고병욱

기획편집실장 윤현주 **기획편집** 장지연 유나경 조은서
마케팅 이일권 김도연 김재욱 이애주 오정민 **디자인** 공희 진미나 백은주
외서기획 김혜은 **제작** 김기창 **관리** 주동은 **총무** 노재경 송민진

펴낸곳 청림출판(주)
등록 제1989-000026호

본사 06048 서울시 강남구 도산대로 38길 11 청림출판(주) (논현동 63)
제2사옥 10881 경기도 파주시 회동길 173 청림아트스페이스 (문발동 518-6)
전화 02-546-4341 **팩스** 02-546-8053
홈페이지 www.chungrim.com
이메일 cr1@chungrim.com
블로그 blog.naver.com/chungrimpub
페이스북 www.facebook.com/chungrimpub

© 독서부자 낙숫물, 2021

ISBN 978-89-352-1358-0 03320